# DER PERFEKTE KAFFEE

## FÜR ZU HAUSE

JAMES HOFFMANN

# DER PERFEKTE KAFFEE

## FÜR ZU HAUSE

Für Beth, Lyla und Theo

ZS – Ein Verlag der Edel Verlagsgruppe


Edel Verlagsgruppe GmbH, Neumühlen 17, 22763 Hamburg
Redaktionsanschrift:
ZS, Edel Verlagsgruppe GmbH, Kaiserstraße 14 b, 80801 München
www.zsverlag.de/kontakt
www.edelverlagsgruppe.de/kontakt

3. Auflage 2025

978-3-96584-320-2

Diese Ausgabe erscheint bei ZS als Lizenzausgabe von
Octopus Publishing Group Ltd
Carmelite House, 50 Victoria Embankment
London EC4Y 0DZ



Original title:
*How to Make the Best Coffee at Home*

First published in Great Britain in 2022 by
Mitchell Beazley, an imprint of Octopus Publishing Group Ltd
Carmelite House, 50 Victoria Embankment
London EC4Y 0DZ



Group Publisher: Denise Bates
Senior Editor: Pollyanna Poulter
Art Director: Juliette Norsworthy
Designers: Leonardo Collina, Lizzie Ballantyne
Special photography: Cristian Barnett
Illustrator: Claire Huntley
Picture research: Giulia Hetherington and Jennifer Veall

Projektkoordination der deutschen Ausgabe: Ina Stewart
Übersetzung: Lisa Heilig
Lektorat und Satz: booklab München

MIX
Papier | Fördert gute Waldnutzung
FSC® C008047

Printed and bound in China

# INHALT


Einleitung 6

**1** Guten Kaffee kaufen 8

**2** Das Wichtigste für einen guten Kaffee 36

**3** Kaffee verkosten 68

**4** Wie man guten Kaffee brüht 84

**5** Iced Coffee und Cold Brew 130

**6** Wie man guten Espresso macht 144

Register 220

Danksagung 224

# EINLEITUNG

Eine gute Tasse Kaffee kann vieles sein: ein Morgenritual, ein gesellschaftliches Schmiermittel, ein notwendiger Koffeinschub oder ein kleiner Luxus. Sie kann überraschen, köstlich und lecker schmecken und uns in fremde Länder entführen. Und sie kann viel Spaß machen.

Kaffee wird in vielen Ländern rund um den Globus angebaut, weltweit konsumiert und hat sich in sehr vielen Kulturen auf unterschiedlichste Weise etabliert. Die Zubereitung und der Genuss der gerösteten, gemahlenen Samen eines kleinen tropischen Strauches hat sich zu einem universellen Kulturgut entwickelt.

Die Zubereitung von Kaffee – insbesondere der Spezialitätenkaffees der letzten 10–20 Jahre – gilt als (ein wenig zu) ernsthafte und gelegentlich prätentiöse Angelegenheit, die, wenn das Getränk schmecken soll, Wissen und Erfahrung erfordert. In diesem Buch geht es um die Feinheiten eines gut zubereiteten Kaffees und ich will gern betonen, dass dabei vor allem Spaß und Genuss im Vordergrund stehen sollen.

Ich möchte Ihnen einige Dinge vermitteln, die mir selbst geholfen haben, besseren Kaffee zu brühen, und Ihnen verraten, was Kaffee so verführerisch, so genussvoll und faszinierend macht. Kaffee muss nicht jeden Tag zelebriert werden. Er kann auch einfach der morgendliche Hallo-wach-Schalter sein – und das ist an so manchem grauen Morgen alles, was man braucht.

# 1

CHEMEX
HARIO
JAMES HOFFMANN
JAMES HOFFMANN
COFFEE
keep cup
keep cup
keep cup
SQUARE MILE
SAN JOSE
THE FILTER BLEND
FIVE ELEPHANT.
FIVE ELEPHANT.
EL SALVADOR
BUENOS AIRES

# GUTEN KAFFEE KAUFEN

Immer wieder ist zu hören und zu lesen, dass sich ohne gute Bohnen kein guter Kaffee zubereiten lässt und dass auch die beste Brühtechnik und teure High-End-Geräte nichts nützen, wenn die Bohnen minderwertig sind. Allerdings gibt es keinen objektiven Maßstab dafür, was gute Bohnen sind. Es gibt zwar Spezifikationen für Spezialitätenkaffee, aber das bedeutet nicht, dass alle denselben Kaffee mögen. Das Tolle an Kaffee ist – wenn man sich erst mal damit beschäftigt– die aromatische Vielfalt.

Die Spezialitätenkaffeebranche ist in ihren Anfangsjahren mit ihrer Forderung nach „besserem" Kaffee gegen eine Wand gelaufen. Schließlich wollte man als Konsument nicht hören, dass der bislang gekaufte Kaffee, mit dem man doch eigentlich ganz zufrieden war, plötzlich minderwertig sein sollte. Na, herzlichen Dank!

Und jetzt komme ich daher und erzählen Ihnen (fast) das Gleiche ... Ich wage nämlich zu behaupten, dass es für alles, was Sie jetzt trinken, mit ziemlicher Sicherheit etwas gibt, das Ihnen noch besser schmeckt, und dass es sich absolut lohnt und unglaublich viel Spaß machen kann, sich mit dem Thema Kaffee zu beschäftigen. In diesem Kapitel soll es um den Kaffeekauf gehen und wie Sie neue Sorten entdecken und ausprobieren können, ohne den totalen Reinfall zu erleben – eine Vorstellung, die mir gar nicht gefällt, und wenn Sie auf ein paar Punkte achten, muss das auch gar nicht sein. Nebenbei will ich mit einigen Mythen und Missverständnissen beim Kaffeekauf aufräumen.

# Frische

## Einer der größten Erfolge des Kaffee-Marketings war die Vorstellung, dass frisch immer besser ist.

Überall wird mit „frisch gemahlen" oder „frisch gebrüht" geworben und eigentlich ist der Wandel im Konsumentenverhalten, Kaffee als Frischeprodukt und nicht als lagerfähiges Lebensmittel zu betrachten, eine gute Sache. Im Vergleich zu anderen Frischeprodukten nimmt die Qualität von Kaffee eher langsam ab. Weil er auch noch nach ein paar Jahren unbedenklich trinkbar ist, könnte man außerdem argumentieren, dass Kaffee durchaus ein lagerfähiges Produkt sei. Wer aber möglichst viel Genuss für sein Geld haben will, sollte frischen Kaffee trinken. Bevor ich über die Haltbarkeit von Kaffee spreche, will ich kurz darauf eingehen, auf welche Weise Kaffee verderben kann.

**Aromaverlust:** Aromastoffe sind flüchtige chemische Verbindungen, die vom Riechkolben in der Nase wahrgenommen werden. Wenn Kaffee altert, entweicht eine beträchtliche Menge seiner Aromastoffe aus den ganzen oder gemahlenen Bohnen. Dieser Prozess lässt sich zwar durch eine geeignete Verpackung verlangsamen, aber mit der Zeit verliert jeder Kaffee an aromatischer Komplexität.

**Entwicklung von Fehlaromen:** Leider sind die Aromaverbindungen in Kaffee nicht nur flüchtig, sondern auch nicht besonders stabil. Sie verändern sich mit der Zeit, reagieren miteinander und mit dem Sauerstoff der Luft und bilden neue Verbindungen, die zwar nicht immer, aber sehr häufig nicht ganz so angenehm sind.

**Ranzigkeit:** Kaffee enthält Lipide, die wie jedes Fett bzw. Öl durch den Kontakt mit dem Sauerstoff der Luft, durch Feuchtigkeit oder Degeneration ranzig werden. In jedem Fall führt dieser Prozess recht schnell zu unangenehmen Fehlaromen. Bei dunkleren Röstungen gelangen mehr Öle an die Oberfläche der Bohnen, was bedeutet, dass sie eher mit Sauerstoff oder Feuchtigkeit reagieren und schneller ranzig werden.

Ich möchte hier noch einen weiteren Aspekt erwähnen, der zwar keine dramatischen Auswirkungen auf Kaffeearoma und -geschmack hat, aber für die Definition von Frische lohnt es sich, auch diesen zu beleuchten.

**Entgasung:** Beim Rösten laufen viele chemische Reaktionen ab, die dafür sorgen, dass die Bohnen bräunen und die so geschätzten Aromen entwickeln. Als Nebenprodukt entsteht dabei auch Kohlendioxid ($CO_2$), gemessen am Volumen sogar recht viel: etwa 10 l $CO_2$ pro Kilo Bohnen. Der Großteil des Gases

entweicht beim Rösten in die Atmosphäre; ein weiterer Teil verflüchtigt sich in den ersten Stunden danach. Verglichen damit enthalten die Bohnen, wenn sie erst einmal verpackt sind, relativ wenig Kohlendioxid, aber immer noch so viel, dass sich das Gas erheblich auf das Brühverhalten auswirken kann.

Aus diesem Grund kann Kaffee auch zu frisch sein, vor allem, wenn er in einer Espressomaschine aufgebrüht werden soll, denn beim Aufbrühen wird durch das heiße Wasser im Kaffeepulver gebundenes $CO_2$ freigesetzt. Im Kapitel Brühverfahren (siehe Seiten 87–129) taucht häufiger der Begriff „Blooming“ auf, das „Aufblühen“ von Kaffee, bei dem das Kaffeepulver zunächst mit nur wenig Wasser befeuchtet wird, um das Kohlendioxid herauszulösen. Wenn viel $CO_2$ freigesetzt wird, ist die Wasserextraktion der Aromastoffe schwieriger. Eine frustrierende Tatsache (und davon gibt es mehrere in diesem Buch) ist, dass sich Kaffeearomen umso leichter extrahieren lassen, je älter der Kaffee ist. Gleichzeitig enthält älterer Kaffee aber gar nicht mehr so viel Aromen bzw. entwickelt Fehlaromen, die ebenfalls leichter extrahiert werden und zu einer schlechteren Tassenqualität führen.

Der stetig wachsende Online-Kaffeehandel führt zu der Erwartung, dass die Bohnen auf Bestellung geröstet und ausgeliefert werden. In Verbindung mit immer kürzeren Lieferzeiten bedeutet dies, dass die meisten online gekauften Kaffees eigentlich zu frisch zu Hause ankommen. Für optimale Ergebnisse sollten die Bohnen deshalb noch einige Zeit ruhen, was oft als „Coffee rest“ bezeichnet wird. Doch was genau heißt „einige Zeit“? Wie groß ist das Zeitfenster, in dem Kaffeebohnen optimal sind?

### Frische von Kaffeebohnen

Ganze Bohnen sind länger haltbar als gemahlener Kaffee. Es gibt keine festen Regeln und es gilt auch zu bedenken, dass die Lagerbedingungen, insbesondere die Temperatur, eine große Rolle spielen. Höhere Umgebungstemperaturen beschleunigen den Alterungsprozess von Kaffee.

Wird der Kaffee als Espresso zubereitet, empfehle ich, mindestens 7–8 Tage ab Röstdatum zu warten, bevor er aufgebrüht wird. Nach Anbruch der Packung sollte besonders auf die richtige Lagerung geachtet werden, um auch in den nächsten etwa 2 Wochen noch Freude an den Bohnen zu haben. Während dieser Zeit ist ein stetiger Rückgang der Crema zu beobachten, da die Crema nichts anderes ist als $CO_2$-Schaumbläschen (mehr über Crema, siehe Seite 154 f.). Das bedeutet jedoch nicht, dass der Kaffee schlecht schmecken muss.

Wird der Kaffee in einem Filter aufgebrüht, schmeckt er 4–5 Tage nach der Röstung am besten, kann aber auch schon 2–3 Tage nach der Röstung – anders als in einer Espressomaschine – ohne große Auswirkungen auf Brühverhalten und Extraktion verwendet werden. Ähnlich wie beim Espressoverfahren sollte auch Kaffee für Filterverfahren nach dem Öffnen der Packung zügig aufgebraucht werden, da die Qualität langsam und stetig schwindet.

### Frische von gemahlenem Kaffee

Sind die Kaffeebohnen einmal gemahlen, beschleunigt sich der Qualitätsverlust erheblich. Im Direktvergleich zwischen 12 Stunden altem und frisch gemahlenem Kaffeepulver schmecken einige Testpersonen einen deutlichen Unterschied, zwischen 24 Stunden altem und frisch gemahlenem Kaffeepulver alle Tester.

Wie groß der Qualitätsabfall ist, lässt sich schwer vorhersagen, aber er ist eindeutig. Ich hätte Schwierigkeiten, jemanden zu finden, der nicht findet, dass 48 Stunden altes Kaffeepulver schlechter schmeckt.

Kaffee sollte aus folgenden Gründen immer frisch gemahlen werden:

- Er duftet fantastisch und macht den Morgen/Tag jedes Mal ein wenig besser.

- Der Kauf von ganzen Bohnen ist preiswerter, und selbst wenn es keinen Preisunterschied gibt, schmeckt Kaffee aus vorgemahlenen Bohnen insgesamt nicht so gut, weshalb sich ein Kauf erst recht nicht lohnt.

- Beim Selbermahlen wird das Beste aus den Bohnen geholt, da der Mahlgrad je nach Sorte, Brühverfahren und persönlichen Vorlieben angepasst werden kann.

Ich gebe zu, dass es auch einige Nachteile hat, die Bohnen jedes Mal frisch zu mahlen: Zum einen ist es deutlich bequemer, gemahlenen Kaffee einfach aus einer Packung zu löffeln, zum anderen ist eine gute Kaffeemühle nicht gerade günstig. Nichtsdestoweniger halte ich eine Kaffeemühle für unverzichtbar. Aber darauf werde ich später noch ausführlicher eingehen (siehe Seiten 54–60).

# Kaffee lagern

**Kaffee für den täglichen Gebrauch sollte luftdicht, trocken und vor Licht geschützt aufbewahrt werden.**

Viele Kaffeeverpackungen sind wiederverschließbar und deshalb so gut oder schlecht wie andere Verpackungen, die ich getestet habe. Der Handel bietet unterschiedlichste Kaffeebehälter an. Ich selbst gebe vakuumverschließbaren Behältern leicht den Vorzug. Wenn Ihnen aber ein anderes System optisch und preislich eher zusagt … Hauptsache, der Behälter lässt sich luftdicht verschließen.

Ich rate davon ab, Kaffee im Kühlschrank aufzubewahren. Rein theoretisch ist eine Lagerung im Kühlschrank zwar besser als im Vorratsschrank, weil es dort kühler ist – vorausgesetzt, der Kaffee ist luftdicht verpackt. Da die Packung aber immer wieder herausgeholt wird, kann sich durch die plötzliche Temperaturänderung Kondenswasser auf den Bohnen bilden, was zu schnellerem Verderben führt. Außerdem können die Bohnen, wenn sie nicht wirklich dicht verpackt sind, im Kühlschrank schnell das Aroma anderer, intensiv riechender Produkte annehmen.

Für eine längere Lagerung kann Kaffee eingefroren werden. Dicht verpackt (idealerweise mit so wenig Luft wie möglich) hält er sich monatelang. Aufgrund einer möglichen Kondenswasserbildung sollte man jedoch vermeiden, die Bohnen immer wieder aus dem Gefrierfach zu holen. Besser ist es, den Kaffee portionsweise einzufrieren und nach Bedarf aufzutauen. Das funktioniert gut, ist aber mit zusätzlichem Aufwand und Verpackungsmaterial verbunden.

# Bezugsquellen

Wo der Kaffee gekauft wird, hat erheblichen Einfluss auf Frische und Qualität der Bohnen.

Hier sollen die drei wichtigsten Bezugsquellen mit entsprechenden Qualitätsmerkmalen beschrieben werden:

### Supermarkt

Früher wurde Kaffee fast nur im Supermarkt gekauft. Das aber hat sich in den ungefähr letzten 10 Jahren geändert. In Supermärkten wird Kaffee wie ein lagerfähiges Produkt behandelt. Auf den Packungen steht kein Verfalls-, sondern ein Mindesthaltbarkeitsdatum (MHD), schließlich kann Kaffee auch nach ein paar Jahren noch bedenkenlos konsumiert werden, sogar wenn die Bohnen ihre beste Zeit schon lange hinter sich haben. Großröstereien drucken kein Röstdatum auf die Packungen – weil die Supermärkte das nicht wollen. Aufgrund der Supermarktlieferketten kann Kaffee

Wochen oder Monate alt sein, bevor er in die Regale gelangt, wo er sich von ganz hinten langsam nach vorne arbeitet. Wenn einer Packung noch 7 Monate bis zum MHD bleiben, fühlt sich das besser an, als zu wissen, dass der Kaffee in der Packung schon 5 Monate alt ist. Außerdem gibt es für das MHD bei Kaffee keine Standards, sodass es mal 12 Monate, mal 18 Monate oder gar 24 Monate ab Röstung sein können. Immerhin geben kleinere, qualitätsorientiertere Unternehmen, die mit Supermärkten zusammenarbeiten, ein Verbrauchsdatum sowie – seltener und versteckter – das Röstdatum an. Wirklich röstfrischer Kaffee ist in Supermärkten kaum zu finden. Einige Franchiser und Einzelhändler machen es vielleicht besser, bilden aber eher die Ausnahme.

### Lokale Kaffeegeschäfte

Kleine Röstereien und Kaffeeläden sind ideale Bezugsquellen, nicht nur weil so der örtliche Handel unterstützt wird, sondern auch weil die Röstung der Bohnen rund eine Woche zurückliegt (eine ausreichende Ruhezeit), wenn der Kaffee in die Regale kommt – ideal, wenn er sofort gebrüht werden soll. Ein weiterer Vorteil ist, dass man sich beraten lassen kann, sodass die gekauften Bohnen den eigenen Vorlieben entsprechen und man sich nicht auf die blumigen Beschreibungen und Angaben auf den Etiketten von Supermarktkaffee verlassen muss (mehr über Etiketten, siehe Seite 22). Schließlich kann der Kaffee, für den man sich interessiert, oft probiert werden, was nicht nur das Risiko verringert, dass man etwas kauft, das einem nicht schmeckt, sondern auch um einen Anhaltspunkt zu erhalten, wie der Kaffee zu Hause schmecken soll.

### Online

Guten Kaffee online zu kaufen ist heute einfacher denn je und der weltweilte Boom von kleinen Röstereien und Kaffeemanufakturen kommt dem Verbraucher zugute. Das Kauferlebnis im weltweiten Netz ist ausgezeichnet, preisgünstig und schnell. Natürlich ist der zwischenmenschliche Austausch beim Onlinekauf sehr gering, weshalb verlässliche Empfehlungen nicht leicht zu bekommen sind. Die meisten Anbieter informieren aber ausführlich über Röstverfahren und Versandbedingungen. Kleinere Unternehmen kriegen nicht die Mengen für tägliche Röstungen zusammen, weshalb die Lieferung manchmal etwas länger dauern kann, oder versenden 1–2 Tage alten Kaffee, was nicht tragisch ist, denn, wie erwähnt, ist superfrischer Kaffee nicht unbedingt der beste zum Aufbrühen. Dennoch sind Onlinelieferungen recht zuverlässig, sodass der Nachschub bis zu einer Woche, bevor die Packung leer ist, bestellt und geliefert werden kann.

Viele Röstereien bieten auch Kaffee-Abos an, bei denen der Kaffee individuell geliefert wird. Es gibt eine breite Abo-Auswahl, die von „Schick mir jede Woche den gleichen Kaffee" bis zu „Schick mir jedes Mal was, das ich noch nicht kenne" reichen.

## PREIS

Man müsste meinen, der Preis sei der einfachste, offensichtlichste Indikator für die Bohnenqualität: je teurer, desto besser. Aber in einer Welt mit unterschiedlichen Vorlieben und Definitionen von Qualität ist das kaum möglich. Dennoch muss das Thema, was ein guter Kaffee kosten darf bzw. soll, besprochen werden.

Für Hunderte Millionen von Haushalten ist es normal, Kaffee im Schrank zu haben. Das ist, wenn man es genauer bedenkt, erstaunlich, schließlich handelt es sich um die Samen einer tropischen Pflanze, die Tausende von Kilometern entfernt angebaut, geerntet und exportiert, geröstet, verpackt und ausgeliefert wird – und das alles zu einem insgesamt sehr günstigen Preis. So entsteht das Bild, Kaffee sei ein billiges Getränk. Aber auch billiger Kaffee hat einen sehr hohen Preis – irgendjemand muss ja dafür bezahlen, dass Ihr Kaffee so günstig ist, und ein Leben in Armut führen. Billiger Kaffee ist also nichts, worüber man sich freuen sollte.

Es wird demnach nicht überraschen, dass ich Kaffee für zu billig halte. Er ist ein faszinierendes Getränk, das nicht nur köstlich und vielfältig ist, sondern auch psychoaktiv und anregend wirkt. Ich möchte Sie auffordern, Kaffee mehr wertzuschätzen, wenn es Ihnen möglich ist.

Wenn man mehr für seinen Kaffee bezahlt und die großen multinationalen Marken meidet, die die Kaffeepreise niedrig halten, profitieren alle. Mehr Geld für einen Spitzenkaffee hinzulegen beseitigt zwar weder die Ungerechtigkeiten der globalen Kaffeeindustrie noch hilft es allen Kleinbauern. Dennoch lohnt es sich, bei jedem Kaffeekauf auf eine nachhaltige Preisgestaltung zu achten. Genaue Preisgrößen zu benennen würde den Rahmen dieses Buches sprengen, aber die Grundpreise von Spezialitätenkaffees bieten eine gute Orientierung.

Mir ist nicht wohl dabei, dass mein bester Ratschlag ist, einfach etwas mehr Geld auszugeben, zumal Armut und eine unsichere Ernährungslage nicht nur in Erzeuger-, sondern auch Verbraucherländern weitverbreitet sind. Aber ich bin auch nicht dafür, Kaffee billig anzubieten, da offensichtlich ist, welche Auswirkungen die niedrigen Preise auf das Leben von Millionen Kaffee produzierenden Familien auf der ganzen Welt haben.

# Röstgrade

**Mit dem Aufkommen von Spezialitätenkaffees in den letzten 20 Jahren scheint es, als sei das Thema der Röstgrade bei Kleinröstereien und Kaffeemanufakturen aus der Mode gekommen. Auf dem Etikett finden sich mittlerweile allerlei Informationen, aber eine genauere Bezeichnung des Röstgrades gehört selten dazu.**

Dafür gibt es vermutlich mehrere Gründe. Zum einen glauben kleinere Spezialitätenröster offensichtlich, das ideale, einzig wahre Röstprofil für einen bestimmten Kaffee gefunden zu haben. Zum anderen liegen Spezialitätenkaffees oft im leichten bis mittleren Röstbereich als eine Art Gegenbewegung zu den sehr dunklen Röstungen von Großunternehmen wie Starbucks. Der vielleicht wichtigste – und ärgerliche – Grund ist, dass es keine wirklichen Standards dafür gibt, was eine leichte, mittlere oder dunkle Röstung ist. Dennoch glaube ich, dass die folgenden Informationen beim Kaffeekauf helfen können. Bei Spezialitätenkaffees kann man im Allgemeinen von einer hellen bis mittleren Röststufe ausgehen, sofern nicht ausdrücklich etwas anderes auf der Packung vermerkt ist.

Traditionell wurde Kaffee nach der Röstung gekennzeichnet, und zwar mit einer Stärkeangabe. Die moderne Kaffeeindustrie argumentiert jedoch seit Langem, dass diese Praxis verwirrend ist, weil sich die Stärke eines Kaffees in erster Linie aus dem Brühverfahren und dem Verhältnis von Kaffeepulver und Brühwasser ergibt. Dunklere Röstungen lassen sich zwar besser extrahieren als hellere, aber genau genommen ist die Angabe der (Röst-)Intensität kein guter Hinweis auf die Kaffeestärke.

Was sich tatsächlich an diesen Stärkeangaben ablesen lässt, ist die Intensität der Bitterkeit: je stärker die Röstung, desto mehr Bitternoten sind von einem bestimmten Kaffee zu erwarten. Egal aber, ob die Stärke nun in einer 5- oder 10-Punkte-Skala angegeben wird, lässt sich feststellen, dass die Spanne im mittleren Bereich beginnt und von dort nach oben geht – denn niemand möchte einen Kaffee mit der geringstmöglichen Stärke.

## Röstung und Aroma

Das Röstverfahren hat einen erheblichen Einfluss auf Geschmack und Aroma eines Kaffees. Je länger die Röstung, desto mehr sogenannte Röstaromen entwickeln sich – vergleichbar mit vielen anderen Produkten, die geröstet werden, wie z. B. Brot, Nüsse oder Kakaobohnen. Irgendwann entstehen dabei auch schärfere, verbrannt schmeckende Aromen. Damit einher geht eine Zunahme der Bitterkeit – vergleichbar mit Karamell: je dunkler, desto herber – und im Allgemeinen auch eine Abnahme der Säuren.

Der Säuregehalt bei Kaffee ist ein komplexes und auch ein recht polarisierendes Thema. Er korreliert oft mit der Dichte der Kaffeebohnen, also damit, wie diese angebaut werden. Kaffee aus höheren Anbaulagen wächst langsamer und hat eine höhere Dichte, oft ein komplexeres Aromaprofil und mehr Süßepotenzial. Das eine muss aber nicht mit dem anderen zusammenhängen, also suchen Sie nicht einfach nur nach Bohnen aus besonders hohen Anbaulagen. Interessante, aromatisch komplexe und geschmacksintensive Kaffees haben in der Regel auch einen höheren Säuregehalt.

Für einen Kaffeeröster besteht die Herausforderung darin, den Charakter der Bohnen so weit wie möglich zu erhalten und ihn um eine weitere Dimension aus angenehmen Röstaromen zu ergänzen. Dabei wird der Säuregehalt der Bohnen reguliert, um den Kaffee zu einem rundum angenehmen Erlebnis zu machen. Säurenoten können kontrastreich, fruchtig, frisch, knackig und ganz wunderbar sein, aber auch aggressiv sauer, scharf und furchtbar unangenehm, wenn die Bohnen schlecht geröstet wurden.

Kaffee rösten ist nicht nur deshalb schwierig, weil es Präzision und viel praktische Erfahrung erfordert, um den idealen Ausgleich zwischen Süß-, Sauer- und Bitternoten zu finden, sondern auch, weil es natürlich keine Einstimmigkeit darüber gibt, wo genau dieser ideale Punkt liegt. Rösten ist also keine simple Verarbeitung eines Lebensmittels, es birgt auch eine gewisse Philosophie und Ästhetik. Und die Auffassung eines Unternehmens, was einen guten Kaffee ganz grundsätzlich ausmacht, muss nicht bei jedem Kaffeetrinker auf Gegenliebe stoßen.

Deshalb besteht auch keine wirkliche Einigkeit darüber, was beispielsweise eine mittlere Röstung ist, für die jeder Röster seinen eigenen Bereich auf der Röstskala festlegt. Ein deutliches Beispiel: Die hellste Röstung von Starbucks (Blonde Roast) ist dunkler als alles, was die meisten Spezialitätenröster überhaupt im Angebot haben.

# Rückverfolgbarkeit

**Für mich war die Rückverfolgbarkeit lange Zeit der beste Indikator für ausgezeichneten Kaffee. Wenn ein Kaffee von einem ganz bestimmten Ort, einer bestimmten Farm, Genossenschaft oder Mühle stammte, musste er doch wohl eine recht gute Qualität haben, oder?**

Eine einzelne Charge Kaffee über die gesamte Lieferkette – von der Farm bis zur Tasse – getrennt zu halten verursacht erhebliche Kosten. Dieser Aufwand lohnt sich nur, wenn der Kaffee aufgrund seiner Qualität als Premiumprodukt verkauft werden kann. Die Rückverfolgbarkeit ist also kein absolut verlässlicher Indikator, aber dennoch ziemlich hilfreich.

Bei der Wahl zwischen verschiedenen Kaffees besteht die Herausforderung darin, zu erkennen, welches Produkt tatsächlich und welches nur scheinbar rückverfolgbar ist. Die Empfehlung, Kaffee ausschließlich von Einzelerzeugern zu kaufen, ist oft nicht sinnvoll, da die Besitzverhältnisse der Anbauflächen zumeist zu komplex sind. In vielen Kaffee produzierenden Ländern müssten dann nämlich zahlreiche tolle Produzenten (und Kaffees) ausgeschlossen werden, weil sie nicht genug Anbaufläche besitzen, um als Farm zu gelten. Aus Kenia kommt fantastischer Kaffee von einer einzigen Waschanlage; die Bohnen aber stammen von Hunderten, wenn nicht Tausenden Kleinbauern. Dasselbe Maß an Rückverfolgbarkeit auf Costa Rica angewandt, führt nicht zum besten Kaffee. Um eine bessere Orientierung zu bieten, habe ich *Der Kaffeeatlas* geschrieben. Darin versuche ich, aussagefähige Informationen Land für Land aufzuschlüsseln. Ganz grundsätzlich halte ich die Rückverfolgbarkeit nach wie vor für den hilfreichsten Indikator für gute Qualität.

# Aufbereitung

**Auf einer Packung Spezialitätenkaffee finden sich oft viele Informationen über den Kaffee, die in Umfang und Ausführlichkeit von Rösterei zu Rösterei variieren. Eine Angabe, die ich für besonders wichtig halte und die glücklicherweise so gut wie immer vorhanden ist, ist, wie die Bohnen nach der Ernte aufbereitet wurden.**

Bei der Ernte sollten die Kaffeekirschen den perfekten Reifegrad haben, auch wenn es nicht um die Früchte selbst, sondern die darin enthaltenen Samen geht. Wie die Samen vom Fruchtfleisch befreit werden, hat einen großen Einfluss auf Geschmack und Aroma. Hier soll weniger auf die technischen Abläufe eingegangen werden. Vielmehr möchte ich mich auf die Auswirkungen auf das Aroma und auf die sogenannte Fermentation konzentrieren.

Früher galten Aromen aus der Fermentation in vielen Kaffees als unerwünscht und es wurden Verfahren entwickelt, um diese Eigenschaften zu minimieren. Die nasse Aufbereitung zielt auf eine möglichst kurze Fermentierung, um etwaige Fehlaromen zu minimieren. Hierbei werden die Kaffeekirschen entpulpt, dann wird durch eine kurze Fermentation das restliche Fruchtfleisch von den Samen abgelöst, bevor die Bohnen gewaschen und getrocknet werden. So wird das zuckerhaltige Fruchtfleisch so schnell wie möglich entfernt, um zu verhindern, dass der Zucker eine unerwünschte Aromaentwicklung begünstigt. Die Kehrseite des Washed-Verfahrens ist, dass große Wassermengen benötigt werden.

Das Verfahren, das am wenigsten Wasser verbraucht, ist die natürliche oder trockene Aufbereitung, bei der die Kaffeekirschen direkt nach der Ernte getrocknet und später geschält werden. Das Sonnentrocknen kann zu unkontrollierten chemischen Reaktionen führen, bei denen fruchtige Aromen wie Blaubeer-, Mango- oder Ananasnoten entstehen, die von vielen geschätzt werden. Andere finden diese Aromen störend, da sie damit eher vergorene Früchte assoziieren als einen frischen, bunten Obstsalat. Um beim Kaffeekauf eine hilfreiche Orientierung zu erhalten, gilt es, zunächst also herauszufinden, ob und wie viele Aromen man als angenehm empfindet.

Hier gibt es kein Besser oder Schlechter, die eigenen Vorlieben entscheiden. Auch die Kaffeebranche ist in dieser Frage gespalten; einige Röstereien kaufen und rösten keine natürlich aufbereiteten Bohnen, da sie der Auffassung sind, das Trockenverfahren beeinträchtige die Charakteristik des Anbaugebiets. Ich finde es wichtig, dass Röstereien eine Philosophie haben und von ihren Produkten überzeugt sind. Deshalb will ich hier keinem Aufbereitungsverfahren den Vorzug geben.

Bei anderen Verfahren, wie dem Honey Process oder der halbtrockenen Aufbereitung, bleibt vor der Trocknung mehr Fruchtfleisch an den Bohnen haften. Es ist schwierig, pauschale Aussagen darüber zu treffen, wie diese Verfahren Geschmack und Aroma der Bohnen beeinflussen, da sie auf sehr unterschiedliche Weise angewandt werden. Darüber hinaus wird bei der nassen Aufbereitung zunehmend auch mit speziellen Fermentationsverfahren experimentiert (Boutique-Ware), die in der Regel deutlich ausgezeichnet sind, sodass eine Verwechslung mit herkömmlich nass aufbereiteten Kaffees kaum möglich ist.

Bourbon

Catuai

Kona

Gesha

# Kaffeesorten

**Bei Wein ist bekannt, wie groß der Einfluss der Rebsorte auf Geschmack und Aroma ist, und die meisten Weintrinker haben ihre eigene Haltung zu einem Glas Chardonnay oder Cabernet Sauvignon.**

Natürlich gibt es auch bei Kaffee verschiedene Sorten. Dennoch würde ich eher selten empfehlen, einen bestimmten Kaffee nur deshalb zu kaufen, weil man mal eine Kaffeesorte probiert hat. Die Auswahl der angebauten Kaffeesorten erfolgt oft nach rein pragmatischen Aspekten: Beispielsweise sind die einen besonders ertragreich, andere haben eine geringere Wuchshöhe und können deshalb leichter von Hand abgeerntet werden. Außerdem haben viele Erzeuger nur begrenzten Zugang zu Saatgutbeständen und müssen sich auf das beschränken, was verfügbar ist.

Einige wenige Kaffeesorten haben ein vom Anbaugebiet unabhängiges charakteristisches Aromaprofil. Ich finde, dass es sehr schwierig ist, bei einer Tasse Kaffee herauszuschmecken, ob es sich um Bourbon- oder Caturra-Bohnen handelt.

In der Regel wird die Kaffeesorte auf der Packung angegeben, was allerdings häufiger als Demonstration der Rückverfolgbarkeit zu werten ist denn als Orientierungshilfe für Geschmack und Aroma.

Nur selten werden die Sorten vom Röster in einen Kontext gesetzt, sodass man schon ziemlich viel Ahnung von Kaffee haben muss, um zu wissen, dass in Kolumbien angebauter Wush Wush ziemlich selten ist oder aus Indonesien stammende Bourbon-Bohnen sehr ungewöhnlich sind.

Sorten wie Gesha (peinlicherweise oft auch als „Geisha“ bezeichnet) haben grundsätzlich florale, zitrusartige Aromen, die sie so besonders und relativ teuer machen. Aber abgesehen davon halte ich 90 Prozent der angebauten Sorten für schwer zu beschreiben.

# Aromanoten

**Für die Beschreibung von Geschmack und Aroma gibt es bei Kaffee standardisierte Begriffe, auch wenn diese kontrovers diskutiert werden.**

Hier möchte ich beschreiben, wie diese Schlüsselbegriffe zu verstehen und zu interpretieren sind – in der Hoffnung, Ihnen die Auswahl des Kaffees zu erleichtern und die Wahrscheinlichkeit zu erhöhen, dass Sie sich für den richtigen entscheiden. Bei der Auswahl und für den Genuss von Kaffee gibt es meiner Meinung nach drei Eigenschaften, auf die man besonders achten sollte:

**Säure:** Wie auf Seite 24 beschrieben, ist der Säuregehalt eines Kaffees ein komplexes Thema. Die einen lieben es, wenn der Kaffee säurebetont ist, andere empfinden es als unangenehm und störend. Ich würde sagen, dass erst ein gewisser Säureanteil Spezialitätenkaffees so besonders macht. Alles in allem kommt es aber auf die Ausgewogenheit an.

**Fruchtaromen:** Wie auf Seite 28 f. erwähnt, befinden sich an einem Ende des Spektrums fruchtige Aromen aus der Fermentation, die von vielen überaus geschätzt werden, bei wahrscheinlich ebenso vielen aber auf wenig Begeisterung stoßen. Die große Mehrheit der Kaffeetrinker ist wohl zumindest aufgeschlossen für diese Aromen. Am anderen Ende des Spektrums liegen Kaffees ohne Fruchtaromen und dazwischen das, was ich als „reine Fruchtaromen" bezeichnen würde.

**Textur:** Wie sich ein Kaffee beim Trinken im Mund anfühlt, ist wichtig. Dennoch wird die Textur eines Kaffees nur selten diskutiert. Er kann leicht sein, fast wie Tee, aber ebenso schwer und reichhaltig – und einfach auch alles dazwischen.

## Entschlüsselung der Packungsbeschreibung

Die Charakterbeschreibung auf einer Kaffeepackung kann dabei helfen, die oben genannten Eigenschaften ungefähr einzuordnen. Dabei handelt es sich allerdings nicht um standardisierte Begrifflichkeiten und nichts kann die Beratung durch eine Person ersetzen, die alle im Angebot befindlichen Kaffees kennt und wahrscheinlich probiert hat. Dennoch geben auch schon die Begriffe nützliche Hinweise.

**Frische Früchte:** Wenn auf der Packungsbeschreibung frische Beeren, Kernobst (Äpfel, Birnen usw.) oder Zitrusfrüchte genannt werden, ist ein relativ hoher Säureanteil zu erwarten. Wenn diese Aromen den Großteil der Beschreibung ausmachen oder als Erstes gelistet sind, sollten Sie, falls Sie säurebetonte Kaffees nicht schätzen, zurückhaltend sein. Diese Kaffees haben oft einen leichten bis mittelkräftigen Körper und schmecken vermutlich recht süß.

**Tropische Früchte:** Mango, Litschi, Ananas und andere exotische Früchte, aber meiner Meinung nach auch Erdbeere und Blaubeere können ein Hinweis auf Aromen aus der Fermentation sein, und wenn Sie schon wissen, dass Sie diese nicht begeistern, sollten Sie auch solche Kaffees meiden, die zudem in der Regel einen etwas schwereren Körper haben.

**Gekochte Früchte:** Aromen, die auf irgendeine Art gekochtes oder verarbeitetes Obst, wie Konfitüren, Gelees oder Kuchen (z. B. Kirschkuchen) beschreiben, sind ein Hinweis auf einen Kaffee mit einem gewissen, aber nicht allzu dominanten Säuregehalt und einem oft vollmundigeren Körper als säurebetontere Produkte.

**Bräunungsaromen:** Ich wünschte, es gäbe einen besseren Deskriptor, aber die Bandbreite von Aromen, die durch die Bräunungsreaktionen beim Rösten entstehen, ist wirklich sehr groß. Auf Kaffeepackungen findet man häufig Begriffe wie Schokolade, Nüsse, Karamell, Toffee und andere. Wenn dann in der Beschreibung auch noch Fruchtaromen fehlen, würde ich auf einen vergleichsweise säurearmen, häufig mittel- bis vollmundigen Kaffee schließen.

**Bitternoten:** Bei dunklen Röstungen sind herbere Aromen vorhanden, die oft an Zartbitterschokolade oder auch Melasse erinnern. Erwarten Sie einen kräftigen Körper, wenig bis gar keine Säure, dafür mehr Bitternoten auf der Zunge und im Abgang.

Man könnte mir hier mangelnde Ausführlichkeit vorwerfen. Aber der Reiz von gutem Kaffee liegt in seiner Vielfalt. In einer Tasse kann sich eine erstaunlich große Vielfalt an geschmacklichen Eindrücken entfalten, die Sie auf jeden Fall selbst erkunden sollten, um dabei die Grenzen Ihrer Präferenzen auszutesten. Die Hinweise hier können Ihnen helfen, nicht zu einem Kaffee zu greifen, der Ihren Vorlieben so gar nicht entspricht.

Das Angebot und die Konkurrenz der Anbieter sind heute größer denn je und viele Kleinröster sind bestrebt, eine persönliche Beziehung zu ihren Kunden aufzubauen. Wenn Sie einen Kaffee kaufen und ihn nicht mögen, dann sagen Sie es beim nächsten Ladenbesuch. Viele nutzen die Gelegenheit, um in Erfahrung zu bringen, was Ihnen am Produkt nicht geschmeckt hat, und Ihnen eine Alternative anzubieten, die Ihnen wirklich zusagt.

2

# DAS WICHTIGSTE FÜR EINEN GUTEN KAFFEE

Wer sich wirklich für Kaffee begeistert und ihn als genussvolles Hobby versteht, gerät nur allzu leicht in Versuchung, sich allerlei spezielle Utensilien zuzulegen. Neulinge kann das Riesenangebot an Gerätschaften und Zubehör schnell überfordern. In diesem Kapitel möchte ich auf die Dinge eingehen, die abgesehen vom Kaffeezubereiter Ihrer Wahl meiner Meinung nach wirklich notwendig sind.

Ich möchte Sie davor bewahren, in verlockend günstige Kaffee-Equipment-Fallen zu treten. Grundsätzlich sollten Geräte zur Kaffeezubereitung die Arbeit leichter und den gebrühten Kaffee besser machen. Preiswertes Zubehör ist oft eher hinderlich als hilfreich oder arbeitet sogar aktiv gegen Sie, sodass es bald entnervt aussortiert und zu einer Belastung für Ihre Küche und die Umwelt wird.

Bei der Kaffeezubereitung ist man oft mit grundsätzlichen Fragen konfrontiert: Will man den Kaffee wie gewohnt zubereiten oder will man den steilen Aufstieg zu einem großartigen Espresso erklimmen? Ganz so eindeutig lassen sich die Fragen nicht beantworten und ich behaupte, dass der Weg zu einem großartigen Filterkaffee einfacher, weniger frustrierend und auch preisgünstiger ist als zu einem großartigen Espresso. In diesem Kapitel will ich Sie mit den Informationen versorgen, die Sie brauchen, um die Fallstricke und Sackgassen zu vermeiden, die bei jeder Art der Kaffeezubereitung auftauchen können.

# Kaffeewasser

**Die Frage nach dem idealen Wasser zum Kaffeebrühen kann schnell zu einer eifrigen Debatte führen, zumal Wasser – wenn man sich intensiver mit der Frage beschäftigt, warum ein Kaffee gut oder unerwartet schlecht schmeckt – sich als besonders komplexes Thema erweist.**

Wasser hat bei der Kaffeezubereitung zwei Funktionen: Es ist Zutat und es ist Lösungsmittel, das maßgeblich dafür verantwortlich ist, welche Aromen beim Brühen gelöst werden. Wasser als Zutat zu betrachten ist viel einfacher, macht es doch den Großteil einer Tasse Kaffee aus. Eine Tasse schwarzer Filterkaffee besteht zu etwa 98,5 Prozent, ein Espresso zu 90 Prozent aus Wasser. Unter diesem Aspekt kommt es vor allem darauf an, dass das Wasser sauber und geschmacksneutral ist sowie frei von Zusätzen wie Chlor.

Da Leitungswasser in vielen Regionen der Welt Trinkwasserqualität hat, werde ich mich auf die Kaffeezubereitung mit Leitungswasser konzentrieren. Die effektivste Art, etwaige Fehlaromen zu beseitigen, ist die Verwendung eines preisgünstigen, einfach zu handhabenden Aktivkohlefilters, der den zusätzlichen Vorteil hat, dass er das Wasser weicher macht. Für ohnehin schon weiches Leitungswasser gibt es Geschmacks- und Geruchsfilter, die aus Aktivkohle und einem feinen Netz bestehen, das kleinste Partikel zurückhält. Diese Filter sind eigentlich sehr langlebig, sollten aber wegen eines gewissen Keimwachstums regelmäßig ausgetauscht werden.

Hier sollen nun jene Faktoren beleuchtet werden, die das Kaffeewasser beeinflussen können. Dazu muss ich etwas tiefer in die chemische Zusammensetzung von Leitungswasser eintauchen – ein Thema, bei dem Sie vielleicht die Augen verdrehen, schließlich soll das Kaffeebrühen ja nicht zur Wissenschaft werden. Aber keine Sorge, Sie müssen Ihre Küche nicht in ein Labor verwandeln. Mir geht es darum, Ihnen verständlich zu machen, worauf es bei Kaffeewasser ankommt und wie Sie Maßnahmen ergreifen können, die Ihren Vorlieben, Ihrem Budget und Ihrem Interesse an der Kaffeezubereitung entsprechen.

### Hartes und weiches Wasser

Wenn ich von „hartem Wasser“ spreche, meine ich Wasser mit einem hohen Gehalt an gelösten Mineralien wie Kalzium und Magnesium, die das Wasser auf seinem Weg durch das Grundgestein mitgenommen hat. „Weiches Wasser“ dagegen ist arm an diesen Mineralien.

Ich spreche oft von Wasserenthärtern, um den Gehalt an Kalziumkarbonat zu reduzieren, der beim Durchtritt von Wasser durch karbonathaltiges Gestein wie Marmor, Kalkstein oder Dolomit gelöst wird und als Ablagerungen an

Armaturen, in Wasserkochern oder Kaffeemaschinen zu erkennen ist. Für guten Kaffee ist relativ weiches Wasser wünschenswert. Wenn Sie sauber schmeckendes und relativ weiches Leitungswasser haben, ist das meiste schon geschafft. Gleichzeitig möchte ich anmerken, dass destilliertes Wasser eine schlechte Wahl für die Kaffeezubereitung ist: Es lässt den Kaffee schlecht schmecken und wirkt in einer Kaffeemaschine oder einem Wasserkocher korrosiv.

Wenn Sie nicht sicher sind, ob Ihr Wasser hart oder weich ist, werfen Sie einen Blick auf alles, das mit Leitungswasser in Kontakt kommt. Bilden sich schnell Kalkablagerungen, dann haben Sie hartes Wasser.

### Mineralien

Bei natürlichem Mineralwasser sind auf dem Etikett Angaben zum Mineralgehalt zu finden. Bei Wasser, das zum Kaffeebrühen genutzt werden soll, sind vor allem zwei Mineralien – Kalzium und Magnesium – von besonderem Interesse, da beide Einfluss auf die Extraktion der gewünschten löslichen Aromaverbindungen in gemahlenem Kaffee haben. Je kalzium- und magnesiumreicher das Wasser ist, desto intensiver die Extraktion. Allerdings ist in diesem Fall mehr nicht immer besser.

Eine zu starke Extraktion kann nämlich zu einem unausgewogenen, säurelastigen Gebräu führen. Dabei agieren Kalzium und Magnesium auf unterschiedliche Weise. Wasser mit einem höheren Magnesiumgehalt im Vergleich zu Kalzium schmeckt oft sauer und hat insgesamt ein anderes Geschmacksprofil. Leitungswasser mit einem hohen Magnesiumwert, jedenfalls im Vergleich zu Kalzium, ist allerdings relativ selten und Magnesium bildet auch keine Kalkablagerungen.

Hingegen sind höhere Kalziumwerte im Leitungswasser in weiten Teilen der Welt üblich. In vielen Wasserfiltern werden Kalzium- gegen andere Ionen ausgetauscht; bei Kochsalzfiltern ist es häufig Natrium (da es ja nur Natrium und nicht Natriumchlorid ist, schmeckt das gefilterte Wasser auch nicht salzig). Bei anderen Wasserfiltern findet ein anderer Ionenaustausch statt, der die Qualität des Brühwassers beeinflussen kann, insbesondere seine Alkalität, auf die ich auf der nächsten Seite eingehe.

Die ideale Kalzium- bzw. Magnesiumkonzentration zu finden ist schwierig und die Kalkbildung in heißem Wasser und seine Ablagerung an den Geräten macht es noch komplizierter. Kalkablagerungen sind ein großes Problem bei Kaffeezubereitern. Ein Wasserkocher ist leicht zu entkalken, die Reinigung einer Espresso- oder Kaffeemaschine ist kompliziert und zeitaufwendig. Bei einem Wasserkocher reicht ein Blick, um Kalkablagerungen zu erkennen; der Verkalkungsgrad von Maschinen ist nicht so offensichtlich. Häufig bemerkt man die Verkalkung erst, wenn das Gerät nicht mehr ordnungsgemäß funktioniert oder defekt ist.

Das ideale Wasser für guten Kaffee ist nicht gleich das beste für die Geräte. Es gilt also, den bestmöglichen Kompromiss für guten Kaffee und eine möglichst geringe Verkalkung zu finden. Zum Glück ist das Fenster hierfür relativ groß! Ziel dieses Kapitels ist es, Ihnen zu helfen, bei Bedarf geeignete Maßnahmen zu ergreifen, und nicht, Verunsicherung zu verbreiten über etwas, das eigentlich unkompliziert sein sollte: das Wasser aus Ihrem Wasserhahn.

### Alkalität

Bei der Interaktion von Wasser und Kaffeepulver ist der Mineralgehalt die eine Sache (Gesamthärte), die andere ist Kalziumkarbonat (Kalk, $CaCO_3$), das auf dem langen Weg des Wassers von der Regenwolke bis zum Wasserhahn aus dem Grundgestein gelöst wird und in Ionenform vorliegt (Karbonathärte). Die Karbonationen wirken wie ein Puffer, weil sie – sehr vereinfacht – den pH-Wert des Wassers bzw. des Kaffees regulieren. Zwar korreliert der pH-Wert eines Getränks nicht exakt damit, wie sauer es schmeckt, aber der Puffer hat definitiv einen Einfluss auf den Säuregehalt des Kaffees.

Wasser kann eine ganz unterschiedliche Alkalität haben, was wiederum direkte Auswirkungen auf den Kaffee hat. Ein zu geringer Wert kann dazu führen, dass der Kaffee sauer und herb schmeckt, ein zu hoher Wert, dass der Kaffee dumpf und flach wird. Auch hier gilt es, den goldenen Mittelweg zu finden (es gibt Wasserfilter, die sowohl die Alkalität als auch den Härtegrad des Wassers regulieren). Es geht aber eher darum, zu verstehen, warum Ihr Kaffee zu Hause so oder so schmecken kann. Ideal wäre, wenn die Alkalität konstant mit dem Mineralgehalt des Wassers einhergehen würde. Ein höherer Mineralgehalt bedeutet mehr Extraktion, eine größere Alkalität verhindert eine zu starke Extraktion, die Kaffee unangenehm sauer macht. In der Realität funktioniert dieses Prinzip jedoch leider selten.

### Empfohlene Wasserqualität

Wichtig ist: Es gibt keine „beste" Wasserqualität. Menschen haben unterschiedliche Vorlieben bei ihrem Kaffee und Wasser kann und sollte dabei eine Rolle spielen. Nicht alle

wünschen eine starke Extraktion mit deutlicher Säure. Nicht alle trinken Kaffee auf dieselbe Art und die unterschiedlichen Röstgrade führen dazu, dass Sie mit Ihrem Leitungswasser großartige Ergebnisse erzielen, während Ihre Nachbarin frustriert ist, weil sie zwar das gleiche Wasser hat, aber eine andere Röstung benutzt.

Wasserqualitäten können in Diagrammen dargestellt werden, mit der Gesamthärte (Gesamtmineralgehalt) auf der y-Achse und der Alkalität auf der x-Achse. Ich würde das Fenster für optimale Qualität breit ansetzen. Nur wenn Sie das absolut Beste aus Ihrem Kaffee herausholen wollen, sollten Sie die Eigenschaften Ihres Wassers schrittweise verändern und herausfinden, wann der Kaffee optimal schmeckt.

## Wie man gutes Kaffeewasser erhält

Soweit die Theorie. Kommen wir nun zu den praktischen Tipps. Nicht für alle Probleme gibt es vollends befriedigende Lösungen. Dennoch bieten sich einige Möglichkeiten, um das Wasser für die Kaffeezubereitung etwas zu optimieren.

### Leitungswasser

Als Erstes sollten Sie den Gesamtmineralgehalt Ihres Leitungswassers prüfen, den Sie in der Regel online bei Ihrem Wasserversorger in Erfahrung bringen können. Alternativ besorgen Sie sich ein preisgünstiges Wassertest-Kit entweder online oder im Zoohandel – auch für Aquarienbesitzer ist die optimale Wasserqualität ein wichtiges Thema. Diese Kits reichen für mehrere Test, sodass Sie – vor allem bei Schwankungen der Wasserversorgung – Ihre Wasserqualität wiederholt prüfen können.

Liegt die Qualität Ihres Leitungswassers knapp außerhalb des empfohlenen Bereichs (siehe gegenüber), schlage ich ganz einfach die Verwendung eines Wasserfilters vor. Geräte und Ersatzfilter von Brita und anderen Herstellern sind in Drogerien, Kaufhäusern und Apotheken erhältlich. Vielleicht finden Sie aber auch ein relativ günstiges, praktisches Filtersystem, das speziell für Kaffeewasser konzipiert ist und zudem die Alkalität reguliert. Der Ionenaustauscher im Filter ist wiederverwendbar und gut recycelfähig. (Die meisten Hersteller bieten eine portofreie Rücksendung an.) Zu beachten ist vor allem, dass diese Wasserfilter

## EMPFOHLENE WASSERBEREICHE – DIAGRAMM

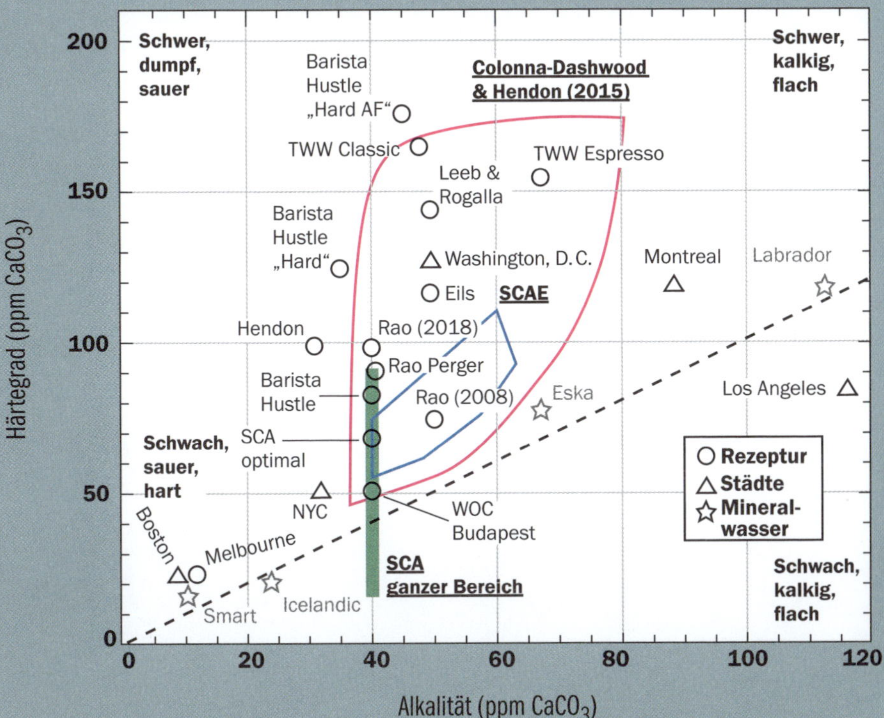


Für die Kaffeezubereitung gibt es nicht die eine ideale Wasserqualität. In Rezepturen im Internet wird im Allgemeinen auf ein ausgewogenes Verhältnis von Wasserhärte und Alkaligehalt hingewiesen, unabhängig, ob es sich um abgefülltes Mineralwasser oder um Leitungswasser handelt.

Das obige Schaubild stammt von Jonathan Gagné, Autor von *The Physics of Filter Coffee* (2021), für das verschiedene Studien zum Thema Wasseranalyse und Kaffeezubereitung (der Specialty Coffee Association of America, SCAA, und der Specialty Coffee Association of Europe, SCAE) sowie Daten aus dem Handbuch *Water for Coffee* (2015) von Maxwell Colonna-Dashwood und Christopher Hendon herangezogen wurden. Grundsätzlich gilt, dass jedes Wasser, das im grünen, blauen und roten Bereich des Schaubilds liegt, gut für Kaffee geeignet ist.

Die Gesamtwasserhärte wird hier durch den Gehalt an Mineralien, einschließlich Kalziumkarbonat ($CaCO_3$) bestimmt und wie in Amerika üblich in ppm (Teile pro Million) angegeben. Weiches Wasser enthält in der Regel weniger als 50 ppm Kalziumkarbonat, hartes Wasser über 200 ppm.

anfällig für Schimmel- und Keimbildung sind und monatlich ausgetauscht werden sollten, unabhängig von der gefilterten Wassermenge. Beachten Sie deshalb unbedingt die Angaben des Herstellers.

Wenn Ihr Leitungswasser sehr weit außerhalb des Idealbereichs liegt, gibt es eine andere Lösung: destillieren und remineralisieren. Am einfachsten gelingt dies mit einem speziellen Wasserfilter wie dem Zero-Water-Filter, der alles herausfiltert und nahezu reines Wasser produziert, dem dann wieder Mineralien zugesetzt werden können – entweder nach eigener Rezeptur (darauf werde ich später noch eingehen) oder mit einem Produkt wie Third Wave Water, einer in Sticks abgepackten Mineralstoffmischung, die in destilliertem Wasser aufgelöst wird und ein hervorragendes Kaffeewasser ergibt. Das Verfahren ist nicht übermäßig teuer, aber etwas zeitaufwendiger. Die andere Möglichkeit ist die Verwendung eines Umkehrosmosefilters, einer Anlage, in der das Wasser durch einen Membranfilter geleitet wird, der so fein ist, dass nur Wasser durchgelassen wird, nicht aber die darin gelösten Ionen. Solche Vorrichtungen werden häufig in Gebieten mit sehr hartem Wasser verwendet, haben aber entscheidende Nachteile: Sie sind teuer und nicht gerade sparsam. Für 1 l gefiltertes Wasser werden durchschnittlich mindestens 2 l Leitungswasser verbraucht. Das Restwasser ist nicht zu gebrauchen, da es eine zu hohe Mineralienkonzentration enthält. Bei einigen Geräten können kleine Mengen sehr hartes Wasser zurückgemischt werden, um die gewünschte Mineralienkonzentration zu erhalten. Ich bin mir also gar nicht sicher, ob ich einen solchen Filter für den Hausgebrauch empfehlen kann – es sei denn, Sie haben das nötige Kleingeld und einen hohen Bedarf an weichem Wasser.

**Wasserrezeptur**

Auch wenn es sich ein bisschen übertrieben anhört: Ja, es gibt eigens für die Kaffeezubereitung entwickelte Wasserrezepturen. Sie können – mit etwas Aufwand zu Beginn – kostengünstig und einfach ein Wasser nach Ihren Vorlieben oder nach einer Empfehlung, die Sie vielleicht im Internet entdeckt haben, herstellen. Für alle, die jetzt vielleicht den Kopf schütteln, möchte ich noch mal betonen, dass das Brühwasser großen Einfluss auf die Kaffeequalität hat und in manchen Regionen der Welt das Leitungswasser so weit vom Ideal entfernt ist, dass andere Lösungen nicht mehr helfen.

Bei einem Wasser nach Rezept kommt es vor allem auf zwei Faktoren an: Mineralgehalt und Alkalität. Die dafür benötigten Pülverchen sind einfach erhältlich und kosten nicht viel. Darüber hinaus sind nur noch Wasser und eine Digitalwaage erforderlich:

**Magnesiumsulfat:** Auch als Bitter- oder Epsomsalz bekannt, ist eine einfache Möglichkeit, dem Wasser Magnesium hinzuzusetzen.

**Natriumbikarbonat (Backpulver):** Agiert als Puffer und macht das Wasser alkalischer.

**Destilliertes Wasser:** Lässt sich entweder mit einem Zero-Water-Filter gewinnen oder im Kanister in Drogerien, Supermärkten oder Baumärkten kaufen.

**Waage mit einer Genauigkeit von 0,01 g:** Solche hochpräzisen Waagen sind in Küchenläden oder online erhältlich. Auch wenn günstigere Modelle vermutlich nicht wirklich auf 0,01 g genau wiegen, dürfte es für Ihre Wasserrezeptur ausreichen. Um das Rechnen später zu erleichtern, ist es am besten, zwei Lösungen herzustellen, eine mit Mineralien und eine mit dem Puffer, in einer Konzentration von 1000 ppm (Teile pro Million). Dafür

- 2,45 g Bittersalz in 1 l destilliertem Wasser und
- 1,68 g Natriumbikarbonat (Backpulver) in 1 l destilliertem Wasser auflösen.

Nun können Sie mit diversen Rezepturen experimentieren oder Wasser aus Städten auf der ganzen Welt oder von Fachleuten aus der Kaffeewelt (siehe auch Schaubild, Seite 45) nachbauen. Mein Tipp: Werfen Sie einen Blick auf www.baristahustle.com, wo Rezepturen, Rezeptrechner und viele weitere Informationen (auf Englisch) zum Thema Kaffee zu finden sind.

## MINERALWASSER

Nach wie vor wird häufig empfohlen, Kaffee mit stillem Mineralwasser aus der Flasche zu brühen. Auch ich habe das früher empfohlen. Mittlerweile rate ich aber nicht mehr dazu, für die alltägliche Kaffeezubereitung Mineralwasser zu verwenden.

Um den Einfluss von Brühwasser auf die Kaffeequalität zu demonstrieren, ist abgefülltes Mineralwasser dennoch zu empfehlen. Kaufen Sie zwei Flaschen stilles Wasser mit unterschiedlicher Mineralienzusammensetzung und bereiten mit beiden den gleichen Kaffee zu. Der Unterschied wird sehr deutlich ausfallen.

Zwar eignen sich einige Mineralwässer ganz gut zum Kaffeebrühen (nun, da Sie wissen, worauf Sie auf dem Etikett achten müssen). Allerdings finde ich die Verschwendung und die Umweltbelastung (insbesondere bei der Verwendung von Plastikflaschen) höchst bedenklich. Ich kann nicht leugnen, dass Mineralwasser eine tolle Option und in einigen Fällen sogar preiswert sein kann. Aber ich würde jedem, der Kaffee mit Mineralwasser zubereitet, raten, in regelmäßigen Abständen auch mal neuere Alternativen in den Blick zu nehmen.

Calcium Carbonate
powder
Supports bone health
Made in Italy
SUPPLEMENT FACTS
Other ingredients: None

# Waagen

**Eine digitale Küchenwaage, die auf mindestens 1 g genau ist, ist für die Zubereitung eines besseren Kaffees unverzichtbar, auch wenn der Vorgang dadurch schnell wie ein wissenschaftliches Experiment und etwas prätentiös wirkt. Für mich ist eine Waage ein Hilfsmittel, das den Prozess der Kaffeezubereitung massiv vereinfacht.**

Die Alternative dazu ist das Abmessen des gemahlenen Kaffees mit einem Volumenmaß. Ich persönlich mag diese Messlöffel nicht besonders, weil ich nicht darüber nachdenken will, ob mein Löffel nun genug gehäuft ist oder ob ich überhaupt den richtigen Löffel habe. Auch beim Zugießen der richtigen Wassermenge ist eine Waage sehr hilfreich, denn das Blooming (das Aufquellen und die Schaumbildung von Kaffee), das auch davon abhängt, wie alt der Kaffee ist, macht ein Zugießen nach Augenmaß überaus schwierig.

Mit einem genau eingehaltenen Rezept ist die Kaffeezubereitung viel einfacher, weil die Mengenverhältnisse nicht mehr schwanken, denn schon kleine Abweichungen in der Kaffee- oder Wassermenge lassen das Gebräu immer wieder anders schmecken. Wenn Sie bewusst damit experimentieren wollen, kann das viel Spaß machen und überraschend (gut oder schlecht) sein. Wenn aber gleich die erste Tasse des Tages richtig gut schmecken soll, kann das Ganze schnell enttäuschen.

Für mich ist es schwierig, mir morgens Gedanken über die richtige Menge Kaffeepulver bzw. Wasser zu machen, bevor ich selbst meine erste Dosis Koffein intus habe, weshalb mir jede Hilfe willkommen ist, die ich kriegen kann. Mit einer Waage schaffe ich es auch in unterkoffeiniertem, noch bettschwerem Zustand die korrekten Mengen Kaffee und Wasser zu finden, die es für einen guten Kaffee braucht. Das ist mir sehr wichtig und auch ein guter Ausgangspunkt zum Experimentieren.

Früher habe ich kleine Schmuckwaagen empfohlen, weil sie günstig sind und auf 0,1 g genau wiegen. Mittlerweile empfehle ich Geräte mit einer größeren Wiegefläche. Spezielle Kaffeewagen sind klein genug, dass sie auf die Auffangschale von Espressomaschinen passen, sodass Sie den Espresso direkt beim Brühen wiegen können (siehe Espressozubereitung, Seiten 183–189), aber trotzdem groß genug, um einen Siebträger (siehe nebenstehende Abbildung) oder auch eine Kaffeekanne daraufzustellen, um das Kaffeepulver abzuwiegen.

Digitale Küchenwaagen werden immer günstiger, und so können Sie sich ein preiswertes Modell zulegen, das sowohl für Kaffee als auch für andere Zutaten beim Kochen und Backen

START
STOP
ON/OFF
TARE
MAX.2000g / 2-200g d=0.1g / 200-500g d=0.5g / 500-2000g d=1g
HARIO

START
STOP
ON/OFF
TARE
HARIO

geeignet ist. Spezielle Kaffeewaagen wiegen mittlerweile bis auf 0,1 g genau und haben sogar eine Timerfunktion, die ganz praktisch, aber nicht unbedingt notwendig ist.

Die meisten Menschen haben mittlerweile ein Smartphone und somit auch einen praktischen Timer, wenngleich ich persönlich versuche, den morgendlichen Griff zu meinem Smartphone so lange wie möglich hinauszuzögern.

### Intelligente Waagen

Neben einfachen Digitalwaagen gibt es auch immer mehr smarte WLAN- oder Bluetooth-fähige Modelle, die in der Hobbybaristaszene stark beworben werden. Allerdings stellt sich mir die Frage, wie groß der Mehrwert der ganzen Features ist, schließlich bieten auch einfache Digitalwaagen alles, was man für die Kaffeezubereitung braucht.

Von gewissem Wert immerhin ist, dass smarte Waagen Daten speichern können, wenngleich nur begrenzt. Ich stelle es mir nicht sehr anziehend vor, morgens zu meinem Smartphone greifen zu müssen, um es mit einer Kaffeewaage zu koppeln, wenn ich einfach nur einen ersten Koffeinschub brauche. Vom Ärger, wenn die Kommunikation zwischen Waage und Smartphone nicht klappt, will ich gar nicht erst reden.

Mein Rat lautet also, smarte Waagen nur in Betracht zu ziehen, wenn sie eine Funktion bieten, mit der Sie ein ganz bestimmtes Problem beim Kaffeekochen lösen können. Die meisten smarten Waagen werden über schlecht verschlüsselte und gestaltete Apps bedient, die weder einen sinnvollen Überblick noch eine nennenswerte Hilfe bieten. Ein paar smarte Waagen sind immerhin besser verarbeitet und haben eine bessere Wasserdichtigkeit. Ich verwende smarte Waagen, wenn ich beim Experimentieren Daten erfassen will. Aber das betrifft nur einen Bruchteil meiner Kaffeezubereitungen, sodass ich keine allgemeine Empfehlung aussprechen möchte.

Was für die meisten sinnvoll ist, ist ein solide verbautes, wasserdichtes Gerät, das schnell und präzise wiegt, wobei die letzten beiden Eigenschaften eigentlich im Widerspruch stehen, denn eine präzise Gewichtsmessung wird oft beispielsweise durch die Vibrationen beim Eingießen des Wassers gestört. Für ein exaktes Wiegeergebnis muss eine Waage viele Daten erfassen und diese erschütterungsfrei verarbeiten, weshalb das endgültige Gewicht etwas verzögert angezeigt wird. Je schneller eine Waage ihre Anzeige aktualisiert, desto ungenauer ist sie vermutlich. Natürlich erfährt die Wiegetechnik laufend Verbesserungen, aber dieses Problem ist nicht gerade einfach zu lösen, und so kommt es, dass hochpreisige, exakt messende Waagen oft langsamer sind als billigere.

# Kaffeemühlen

**Häufig ist zu hören bzw. zu lesen, dass eine gute Kaffeemühle die beste Investition sei, um auch zu Hause richtig guten Kaffee genießen zu können. Dem kann ich nur zustimmen!**

Experimente haben ergeben, dass vorgemahlener Kaffee aus einer hochwertigen industriellen Mühle besser schmeckt als ganz frisch gemahlener Kaffee aus einer billigen Mühle für den Hausgebrauch. Das ist ein interessantes Ergebnis, bei dem allerdings ein Aspekt von frisch gemahlenem Kaffee außer Acht gelassen wird, selbst wenn er schlecht gemahlen ist: der wunderbare Duft. Außerdem bleibt die Bedeutung des richtigen Mahlgrads unberücksichtigt, mit der die Kaffeemühle perfekt auf die Kaffeebohnen und die verwendete Brühmethode abgestimmt wird (weitere Ausführungen dazu, siehe Seite 88 f.).

### Schlagmahlwerk

### Mahlwerke

Bei den heutigen Kaffeemühlen unterscheidet man zwischen Scheiben- und Kegelmahlwerk. Früher waren auch noch Schlagmahlwerke verbreitet, bei denen ein schnell rotierendes Propellermesser die Bohnen zerkleinert. Diese Geräte haben den Nachteil, dass sich der Mahlgrad einzig über die Dauer des Mahlvorgangs kontrollieren lässt und sie so sehr wenig Präzision bieten. Zudem ist das Ergebnis ungleichmäßig, denn während einige Partikel schon puderfein vermahlen sind, sind andere noch recht grob. Die Anschaffung einer Mühle mit Scheiben- oder Kegelmahlwerk ist daher die wichtigste Empfehlung, die ich in diesem Buch geben kann!

Scheiben- und Kegelmahlwerke bestehen aus zwei flachen Scheiben oder eben konisch geformten Kegeln, von denen eine feststeht und die andere von einem Motorgetriebe (oder von Hand) bewegt wird. Ein einfaches Beispiel für ein solches Mahlwerk ist eine Pfeffermühle und ich würde behaupten, dass der Effekt von frisch gemahlenem Kaffeepulver (immerhin die Hauptzutat für einen Kaffee) aus einer guten Mühle etwa 10-mal stärker ist als die Auswirkung von frisch gemahlenem Pfeffer auf den Geschmack eines Gerichts. Bei der Wahl einer

NICHE

Kaffeemühle sollten Sie – immer abhängig von Ihren Bedürfnissen und Ihrem Budget – auf vier Punkte achten, die ich auf den folgenden Seiten erörtern möchte.

### 1. Mahlwerk

Das Mahlwerk besteht bei hochwertigen Geräten aus gehärtetem Stahl. Bei günstigeren Geräten kann es auch aus Keramik sein. Es setzt sich aus zwei Scheiben bzw. Kegeln mit unterschiedlicher Zahnung zusammen, zwischen denen die Bohnen erst durch die gröberen Zähne der Innenscheiben bzw. des Innenkegels aufgebrochen und dann durch Zentrifugalkraft nach außen bewegt werden, wo sie von den feineren Mahlzähnen der Außenscheibe bzw. des -kegels feiner zerkleinert werden, bis die Partikel klein genug sind, um durch einen Spalt zwischen den Rädern nach unten zu fallen.

Der Abstand zwischen den Rädern kann vergrößert bzw. verkleinert werden, was die Größe der gemahlenen Kaffeepartikel vorgibt. Die Einstellung des Mahlgrads erfolgt über unterschiedliche Mechanismen, meist über einen Drehknopf am Gerät oder einen Ring am Gehäuse. Sofern der Mahlgrad stufenlos einstellbar ist, lassen sich unglaublich feine Änderungen der Kaffeepartikelgröße vornehmen.

In der Kaffeeszene herrscht derzeit noch die Meinung vor, dass es Mühlen gibt, die sich am besten für Filterkaffee eignen, andere vor allem für Espresso und wieder andere, die den Spagat zwischen beiden zu schaffen versuchen. Diese Unterschiede sind allerdings sehr gering und sollten für den Hausgebrauch keine Rolle spielen, das heißt, eine Mühle, die vielleicht speziell für Espressopulver konzipiert ist, wird Ihren Filterkaffee nicht ungenießbar machen.

**Scheibenmühlen**

**Kegelmahlwerk**

Ich würde zu einer Kaffeemühle mit Metallmahlwerk raten, wenn es Ihr Budget zulässt, da die Qualität des Mahlguts im Allgemeinen besser ist. (Wie immer gibt es natürlich auch hier Ausnahmen.) Was gute Kaffeemühlen teurer macht, ist neben der Motorleistung vor allem die Qualität des Mahlwerks, das aus hochwertigem Material besteht, besser verarbeitet und deshalb auch langlebiger ist.

Vorsicht bei sehr günstigen Mühlen unter 50 Euro, die aussehen wie Scheiben- oder Kegelmühlen. Sie leisten keine befriedigende Arbeit, sondern zerdrücken die Kaffeebohnen eher, als sie zu mahlen. Zuverlässige elektrische Kaffeemühlen, die ich empfehlen würde, gibt es mittlerweile ab etwa 100 Euro, wenngleich diese Mühlen in der Regel nicht fein genug für Espresso mahlen. Espressofähige Geräte sind deutlich teurer, und das liegt an einer bestimmten Komponente: dem Motor.

## 2. Mahlgrad

Wie auf den vorangegangenen Seiten beschrieben, verfügen Scheiben- und Kegelmühlen über einen Mechanismus, mit dem sich der Abstand zwischen den Scheiben/Kegeln vergrößern bzw. verkleinern und so, je nach Brühtechnik, feineres oder gröberes Kaffeepulver erzeugen lässt. Grundsätzlich unterscheidet man zwischen stufenweise und stufenlos verstellbaren Mahlwerken. Bei Ersteren lässt sich der Mahlgrad nur in festen, voreingestellten Abständen regulieren. Das ist oft hilfreich, denn die Stufen sorgen für eine gewisse Orientierung, wie weit die Scheiben bzw. Kegel bewegt werden. Zudem sind die Einstellungen leicht wiederholbar. Es gilt jedoch zu beachten, dass die Stufen bzw. die Abstände nicht genormt sind, das heißt, dass eine Veränderung um nur eine Stufe bei einem Gerät wesentlich größer oder kleiner ausfallen kann als bei einem anderen.

Deshalb werden stufenlos einstellbare Mühlen oft bevorzugt. Für die Espressozubereitung sind sie fast unerlässlich, denn um das Beste aus den Bohnen zu holen, sind häufig sehr feine Justierungen des Mahlgrads erforderlich. Bei einem stufenweise einstellbaren Gerät hingegen kann eine Änderung um eine einzige Stufe dazu führen, dass das vorher zu grobe Pulver nun zu fein ist. Die korrekte Einstellung stufenloser Mühlen erfordert etwas Fingerspitzengefühl und kann durchaus frustrierend sein. Immerhin bieten die meisten eine gewisse optische Orientierung durch Striche oder Punkte, die vom Hersteller als „Stufen" gewertet werden (wie auf Seite 57 gezeigt).

### 3. Motor

Dass gute Kaffeemühlen ihren Preis haben, liegt neben dem Mahlwerk vor allem an einem leistungsstarken Motor. Denn für das ordentliche Mahlen von Kaffeebohnen ist eine angemessene Drehzahl notwendig, die bei günstigen Geräten nicht immer gegeben ist. Je feiner der Mahlgrad, desto höher die Drehzahl, weshalb billigere Mühlen oft nicht in der Lage sind, problemlos anständiges Espressopulver zu produzieren.

Espressofähige Mühlen fangen bei etwa 200 Euro an – mit nach oben offener Preisskala – und verfügen über einen Motor, dessen Drehzahl (Umdrehungen pro Minute) ausreicht, um den für Espresso benötigten sehr feinen Mahlgrad zu erreichen.

Es gibt bislang nicht sehr viele Erkennisse darüber, wie sich die Drehzahl auf den Geschmack des Kaffees auswirkt, aber High-End-Mühlen kommen oft auch mit einer niedrigeren Drehzahl oder in einigen Fällen sogar mit einer variablen Drehzahl aus.

### 4. Befüllung

Oft haben Mühlen für die Heimanwendung einen trichterförmigen Bohnenbehälter, in den eine kleine Packung Kaffeebohnen hineinpasst. Mittlerweile geht der Trend weg davon, zum einen wegen der Frische der Kaffeebohnen, die ja zum Erhalt des Aromas am besten luftdicht an einem dunklen, trockenen Ort gelagert werden sollten – Anforderungen, denen ein Bohnenbehälter offenkundig nicht gerecht wird. Zum anderen haben sich die Kaffeetrinkgewohnheiten verändert. Immer mehr Menschen haben zwei oder mehr Kaffeesorten im Schrank, weshalb das Leeren und Wiederbefüllen des Behälters lästig ist. Praktischer ist es, die Mühle mit der für den Brühvorgang nötigen Portion Kaffeebohnen zu füllen und als Einzeldosis frisch zu mahlen.

Aus diesen Gründen kommen zunehmend Mühlen auf den Markt, die keinen großen Bohnenbehälter mehr haben, sondern für das Mahlen kleiner Bohnenmengen ausgelegt sind, was wiederum das Problem der Kaffeerückstände, die in kleinen Mengen in jedem Gerät zurückbleiben, in den Fokus rückt. Bei Einzeldosiermühlen geht es darum, diese

Rückstände so gering wie möglich zu halten – ganz anders als bei Kaffeemühlen mit großen Bohnenbehältern, bei denen Bequemlichkeit und eine gewisse Konsistenz im Vordergrund stehen. Überlegen Sie sich also, ob Ihnen die Flexibilität von Einzeldosierungen wichtig ist und ob Sie den Mahlgrad entsprechend häufig und wesentlich verändern.

Sie sollten sich vor dem Kauf Gedanken machen, ob und wie oft Sie Espresso zubereiten wollen. Daneben spielen noch Aspekte wie Design, Geräuschentwicklung (sowohl Lärmpegel als auch Klang des Mahlgeräuschs), Bedienfreundlichkeit und Wartungs- sowie Reparaturmöglichkeiten an Ihrem Wohnort eine entscheidende Rolle.

Ein billiges Gerät aus dem Internet mag ein verlockendes Schnäppchen sein, aber ich plädiere immer für Geräte, für die es auch Ersatzteile und Reparaturmöglichkeiten gibt. Das gilt nicht nur für Kaffeemühlen, sondern vor allem für Espressomaschinen (siehe Espressomaschine kaufen, Seiten 168–177).

### Manuelle Kaffeemühlen

Es wäre fahrlässig, an dieser Stelle nicht auch über handbetriebene Kaffeemühlen zu sprechen. Da eine der teuersten Komponenten einer Kaffeemühle, der Elektromotor, wegfällt, sind gute von Hand betriebene Kaffeemühlen vergleichsweise günstig zu haben. Aber auch hier gilt es, ein paar Dinge zu beachten:

Mühlen der Einstiegsklasse haben oft ein keramisches Mahlwerk; es gibt aber auch etliche Modelle mit Stahlmahlwerk. Wenn Sie qualitativ hochwertige Ergebnisse zu einem günstigen Preis erzielen möchten, sollten Sie sich für die Metallvariante entscheiden. Wenn Sie aber einfach mal eine Handmühle ausprobieren wollen, um zu sehen, wie groß die Unterschiede sind, gibt es Einsteigermodelle mit Keramik schon ab etwa 25 Euro.

Ein sehr niedriger Preis kann, abgesehen vom minderwertigen Mahlwerk, zulasten eines wackeligen, ruckeligen Kurbelantriebs gehen, was dazu führt, dass der Abstand zwischen den Scheiben bzw. Kegeln nicht konstant bleibt und die Qualität des Mahlguts sehr unregelmäßig wird. Bei guten Handmühlen sind die Materialien hochwertiger und solider verbaut, sodass das Mahlgut wesentlich gleichmäßiger ist.

Auch für Handmühlen kann man Hunderte oder sogar Tausende Euro ausgeben. Materialien, Bauart und Mahlwerk sind wesentliche Kostenfaktoren und eine hochwertige Handmühle für 250 Euro ist oft genauso gut wie eine elektrische Kaffeemühle für 500– 1000 Euro. Der Kompromiss ist, dass Sie vor jeder Tasse Kaffee die Ärmel hochkrempeln müssen. Das Mahlen von Kaffeebohnen von Hand ist ziemlich anstrengend, vor allem bei feineren Mahlgraden. Manche sehen es sportlich und freuen sich auf das Ritual, in echter Handarbeit sehr gutes Kaffeepulver zu mahlen und aufzubrühen, damit die Tasse Kaffee danach noch besser schmeckt. Auf der anderen Seite gibt es Leute wie mich, die finden, dass sich der Aufwand gemessen am Ergebnis nicht lohnt, und für die ein Elektromotor sein Geld absolut wert ist.

# Zubehör

**Nun, da mit Ausnahme der Brühtechniken (siehe Kapitel „Wie man guten Kaffee brüht", Seiten 87–129) alles Wesentliche besprochen ist, gibt es nichts, was man noch zwingend für einen guten Kaffee braucht.**

Allerdings gibt es einige Utensilien und Gerätschaften, die sich immer wieder als nützlich und praktisch erweisen und deshalb ebenfalls eine Erwähnung wert sind.

## Aufbewahrung

Verbessertes Verpackungsmaterial und Packungsdesign in der Spezialitätenkaffeebranche haben dazu geführt, dass es oft am einfachsten und praktischsten ist, den Kaffee auch zu Hause in der Verkaufspackung aufzubewahren. Wenn die Packung dann auch noch einen Zip-Verschluss hat, gibt es kaum etwas Besseres. In manchen Fällen sollten die Bohnen aber umgefüllt werden – entweder weil die Packung nicht dicht oder nicht ideal zum Entnehmen der Bohnen ist. Behälter, speziell für die Aufbewahrung von Kaffeebohnen und -pulver, gibt es in Hülle und Fülle. Ganz grob lassen sich drei Kategorien von Kaffeebehältern unterscheiden:

**Luftdichte/Ventilbehälter:** Einfache, luftdicht schließende Behälter, die mitunter mit einem Einwegeventil versehen sind, durch das $CO_2$, das von den Kaffeebohnen abgegeben wird, entweichen kann. Dieses Feature ist aber nicht unbedingt notwendig. Sie können ebenso ein großes Glas oder eine Kunststoffdose verwenden, die speziell für Kaffee gedacht ist. Wenn Sie einen durchsichtigen Behälter verwenden, bewahren Sie ihn im Dunkeln auf, denn Licht beschleunigt den Alterungsprozess der Bohnen.

**Verdrängungsbehälter:** Diese Behälter haben einen Mechanismus, durch den der größte Teil der Luft aus dem Behälter verdrängt wird, und einen dicht schließenden Deckel, der direkt auf den Bohnen aufliegt. Doch werden die Bohnen auch unter diesen Bedingungen mit der Zeit nicht besser, schon gar nicht in der Zeit, die die meisten für eine Packung Kaffee brauchen.

**Vakuumbehälter:** Hier kann durch einen Mechanismus die meiste Luft aus dem Behälter abgezogen werden (wenn auch nicht alle). Sie sind gegenwärtig die beste Lösung für eine mittel- bis langfristige Lagerung. Wenn Sie sehr frische Bohnen haben und ein Vakuum im Behälter erzeugen, wundern Sie sich am nächsten Tag nicht, dass das Vakuum weg ist: Vermutlich ist durch den Unterdruck $CO_2$ aus den Kaffeebohnen ausgetreten und nicht wieder Luft in den Behälter eingedrungen. Vakuumbehälter sind die teuerste Lösung zur Aufbewahrung von Kaffeebohnen und durchaus eine Überlegung wert, wenn Sie dafür sorgen wollen, dass Ihr Kaffee so lange wie möglich haltbar ist.

## Wasserkocher

Ein Wasserkocher/-kessel ist zwar nicht essenziell – gewöhnliche Töpfe tun es auch –, ist aber dennoch eine gesonderte Erwähnung wert, denn es gibt eine ganze Reihe von Möglichkeiten und eine recht große Preisspanne.

Aufgusskanne: Diese Kannen mit charakteristischem Schwanenhals sind praktisch für Brühmethoden, bei denen das Kaffeepulver mit heißem Wasser aufgegossen wird (Pour-over-Techniken). Durch den langen, schlanken Hals und die spezielle Kesselform lässt sich das Wasser dosiert und langsam dicht über dem

Kaffeebett ausgießen, sodass Wirbel und Spritzer minimiert werden. Aufgusskannen waren früher recht teuer, aber mit der Renaissance der Pour-over-Technik sind die Preise gesunken. Wenn man viel Pour-over-Kaffee zubereitet, sind solche Kannen eine hilfreiche Anschaffung. Bei teureren Modellen kann das Wasser direkt im Kessel auf einem Gas-, Elektro- oder Induktionskochfeld erhitzt werden. Bei anderen muss das Wasser im Topf oder Wasserkocher erhitzt und dann rasch umgefüllt werden.

**Aufgusskannen mit Temperaturregulierung:** Wenn Sie nicht ohnehin schon einen Wasserkocher mit Temperaturregulierung haben, können solche Kannen sehr praktisch sein, wenn Sie mittlere bis dunklere Röstungen verwenden, die mit niedrigeren Wassertemperaturen (80–90 °C) aufgegossen werden sollen.

Allerdings sind diese Aufgusskannen vor allem für Kaffee und weniger für andere Zwecke geeignet. Wenn in Ihrem Haushalt auch viel Tee getrunken wird, ist das Fassungsvermögen dieser Geräte oft zu gering, und wenn das Wasser wie bei der French Press oder einer AeroPress nicht langsam und kontrolliert ausgegossen werden muss, ist ein normaler Wasserkocher völlig ausreichend. Als eine Art Mittelweg kämen vielleicht elektrische Wasserkocher mit Temperaturregulierung in Betracht, wie sie von vielen Teetrinkern genutzt werden.

## POUR-OVER-KAFFEE

Der gute alte Filterkaffee, wie er schon seit anno dazumal in Privathaushalten zubereitet wurde, erlebt durch die boomende Kaffeebarszene seit Mitte der 2000er-/Anfang der 2010er-Jahre eine Renaissance.

Dabei handelt es sich um eine recht einfache Technik, bei der im Perkolationsverfahren Wasser über ein Kaffeebett – meist in einem kegelförmigen Filter mit Filtertüte – gegossen wird und in die darunterstehende Tasse oder Kanne läuft. Die Methode, die auch als „Tropfkaffee“ (Englisch „Drip Coffee“) bezeichnet wird, eignet sich bestens für die Zubereitung großer Kaffeemengen.

Das Überbrühen ist nicht zuletzt deshalb so beliebt, weil es eine kostengünstige Einstiegstechnik ist, auch ein oder zwei Tassen schnell und einfach gebrüht werden können und gerade genug Ritual darin steckt, um das befriedigende Gefühl eines selbst zubereiteten Kaffees zu vermitteln. Es gibt eine ständig wachsende Auswahl an Geräten und Utensilien für Pour-over-Verfahren, wobei die günstigsten Modelle aus Kunststoff in Sachen Wärmeleitung auch noch besser abschneiden als solche aus Glas, Porzellan oder Metall und deshalb (insbesondere für leichtere Röstungen) einen idealen Ausgangspunkt bieten.

### Kannen

Die letzten Accessoires, die eine Vorstellung wert sind, sind Kaffeekannen. Auch sie sind kein absolutes Muss, sondern eher ein „Nice to have“. Während manche Filter für einzelne Tassen ausgelegt sind, lassen sich mit anderen mehrere Portionen auf einmal zubereiten. In diesen Fällen ist ein größeres Gefäß, in das der aufgebrühte Kaffee tropfen kann, notwendig: üblicherweise eine Kanne.

Früher war die Auswahl an kaffeespezifischen Optionen relativ begrenzt und oft überteuert. Das hat sich mittlerweile geändert und die Auswahl ist groß. Die meisten Modelle sind aus Glas, was ich aus keinem anderen Grund empfehle, als dass ein frisch gebrühter Kaffee darin einfach wunderbar aussieht und der rötliche Farbstich, den man erkennen kann, wenn Licht auf den Kaffee fällt, zweifellos zur Vorfreude und zum Genuss des morgendlichen Kaffees beiträgt.

Ich will hier nicht weiter auf Tassen oder kaffeespezifische Gläser und Becher eingehen, weil es da einfach zu viel zu beschreiben gäbe und die Wahl des besten Trinkgefäßes nun wirklich in den Bereich der persönlichen Vorlieben fällt. Wichtig ist nur, dass Ihnen Ihre Tasse, Ihr Glas oder Becher gefällt und gut in der Hand liegt.

3

# KAFFEE VERKOSTEN

Einer der schnellsten Wege, um einen besseren Kaffee zu erhalten, ist, ihn zu probieren und zu ergründen, zu fragen: Weshalb schmeckt er oder eben auch nicht?

Das Prinzip, durch Probieren und Experimentieren geschmackliche Veränderungen vorzunehmen, mag zunächst etwas vage erscheinen, ist aber sehr effektiv und und befriedigend. Wenn ich mit Menschen über das Verkosten von Kaffee spreche, sind viele zunächst skeptisch, weil sie glauben, ihnen fehle die Zunge oder das Know-how eines erfahrenen Verkosters. Nach einer kurzen Einweisung sind sie dann aber überrascht, wie präzise sie kleine Unterschiede wahrnehmen und wie einfach sie durch kleine Justierungen der Rezeptur oder der Technik ihren Kaffee verbessern können. Zweifelsohne ist das Verkosten eine Kunst, die auf Erfahrungswerten aufbaut. Aber letztlich hat jeder die Fähigkeit, sich zu einem guten Verkoster zu entwickeln.

Der Reiz eines guten Kaffees liegt in seinem hohen Genusswert, der eine zusätzliche Dimension erfährt, wenn man versteht, wie das großartige Geschmackserlebnis zustande kommt und weshalb ein Kaffee so gut schmecken kann. Dafür möchte ich zunächst den Geschmackssinn im Allgemeinen beschreiben, bevor ich näher darauf eingehe, wie diese sinnliche Wahrnehmung mit Kaffee funktioniert.

# Aroma und Geschmack

**Oft treffen wir bei einer Verkostung auf neue Begriffe. Ursprünglich haben wir gelernt, dass es beim Schmecken mit der Zunge fünf grundlegende Geschmacksrichtungen gibt – süß, salzig, sauer, bitter und umami.**

Daneben gibt es weitere Eindrücke, die im Mundraum wahrgenommen werden, wie brennend, scharf, adstringierend, prickelnd oder metallisch. Unsere Geschmacksknospen funktionieren recht einfach: Verschiedene Stoffe triggern die entsprechenden Rezeptoren, die wiederum Nervenreize auslösen, die dem Gehirn mitteilen, diesen Geschmack als salzig, süß etc. zu registrieren. Manchmal hört man Begriffe wie „Supertaster" – Menschen mit besonders hoher Geschmacksempfindlichkeit aufgrund einer überdurchschnittlich hohen Zahl an Geschmacksknospen. Viele Supertaster mögen gar keinen Kaffee, weil sie seine Bitternoten als zu intensiv empfinden.

Wenn wie bei einer Erkältung der Geruchssinn eingeschränkt ist, werden beim Essen und Trinken nach wie vor die fünf Geschmacksrichtungen wahrgenommen. Dennoch fehlt etwas Entscheidendes: die Aromen. Die komplexen Aromen, die den Charakter einer Speise oder eines Getränks ausmachen, werden vom Riechkolben, der in der Nasenhöhle sitzt, erfasst. Geschmäcker wie Aromen liegen in Form von flüchtigen organischen Verbindungen vor. „Flüchtig" bedeutet, dass sie bei normalen Temperaturen leicht verdunsten, also in der Luft schweben. „Organisch" heißt, chemisch betrachtet, auf der Basis von Kohlenstoff. Unser Geruchssinn leistet Erstaunliches: Wenn eine solche Verbindung in die Nase steigt, ist der Riechkolben sofort in der Lage, den Geruch zu bestimmen. Noch erstaunlicher ist, dass es sich dabei auch um Verbindungen handeln kann, die gar nicht in der Natur vorkommen, sondern aus dem Labor stammen. Dennoch weiß das Gehirn sofort, wonach die Verbindung riecht.

Wo die Sache mit dem Schmecken komplizierter wird, ist die Unterscheidung zwischen Geschmack und Aroma. Aromen werden vom Riechkolben in der Nase wahrgenommen, denn beim Einatmen strömen mit der Luft auch darin schwebende flüchtige organische Verbindungen in die Nase, z. B. wenn man vor dem Trinken an einer Tasse Kaffee schnuppert. Wenn ein Schluck Kaffee dann in den Mund gelangt, werden auch einige Geschmacksnoten wahrgenommen. Beim Schlucken erfolgt automatisch die Schluck-Atem-Koordination. Machen Sie den Selbstversuch: Schlucken Sie und Sie werden sehen, dass Sie danach instinktiv ein wenig Luft in die Nase ziehen und gleich wieder ausatmen. Dadurch gelangen eben jene flüchtigen Verbindungen, die zuvor schon erschnuppert wurden, erneut zum Riechkolben. Die meisten Menschen erleben

die Vermischung von Geschmack im Mund und Geruch (Aroma) in der Nase als Einheit – ein Zusammenspiel, das vor allem im Nachhinein nur schwer zu trennen ist.

Eine sehr einfache Möglichkeit, Geschmack und Aroma getrennt wahrzunehmen, dürfte Ihnen seit Kindertagen bekannt sein: Sie haben sich bestimmt auch die Nase zugehalten, wenn Sie etwas essen sollten, das Sie nicht mochten. Dadurch wird die Schluck-Atem-Koordination ausgeschaltet und vermieden, dass die ungeliebten Aromen an den Riechkolben gelangen. Wenn Sie was Essbares zur Hand haben, probieren Sie es gleich aus! Legen Sie das Buch beiseite, nehmen Sie einen Bissen, halten Sie sich beim Kauen die Nase zu und konzentrieren Sie sich darauf, was Sie wahrnehmen. Dann atmen Sie wieder durch die Nase. Es fühlt sich an, als ob ein Schwarz-Weiß-Film plötzlich in Farbe gezeigt wird.

Viele Speisen und Getränke enthalten zahlreiche Aromaverbindungen, mit denen sich Ihr Riechkolben auseinandersetzen muss. Das Gehirn geht dabei sehr geschickt vor, indem es zuerst die Geschmacksinformationen aufnimmt und sie für die Einordnung der nachfolgenden Aromen verwendet. Wenn die Zunge verstärkt Zitronensäure wahrnimmt, ist Ihr Gehirn darauf vorbereitet, zitrusartige Aromen zu erkennen.

Was viele zu beeindrucken scheint, ist die Fähigkeit von Verkostern, etwas zu essen oder zu trinken und verschiedenste Aromen zu benennen, als ob sie einzelne flüchtige Verbindungen aufspürten und identifizierten. Manchmal, wenn auch selten, ist das tatsächlich der Fall. Meist aber versucht ein Verkoster, die Kombination von wahrgenommenen Geschmacks- und Aromanoten zu entschlüsseln und in den Kontext der Probe einzubetten. Wenn Kaffee „nach Erdbeere schmeckt“, heißt das nicht, dass es sich um die gleichen flüchtigen Verbindungen handelt, wie sie in Erdbeeren stecken – oder in einem Wein, den ein anderer Verkoster vielleicht als „erdbeerig“ beschreiben würde. Auch wenn es in Lebensmitteln objektiv feststellbare Aromaverbindungen gibt, ist die Art, wie Gehirne die aromatischen Informationen dekodieren und bewerten, unterschiedlich, und so ist das gustatorische Gesamterlebnis oft subjektiv.

Das Gute daran ist, dass es kein falsches Schmecken gibt. Wenn ein Kaffee ein Aroma hat, das Sie an Wassermelone erinnert, aber niemand sonst diese Assoziation nachvollziehen kann, liegen Sie damit nicht falsch. Unsere Gehirne verfügen über höchst individuelle gustatorische Erfahrungen und Mustererkennungen, die sich aus unserem bisherigen Leben ergeben. Es gibt keinen Grund, weshalb Sie einen Kaffee oder ein Glas Wein besser oder schlechter beschreiben können als eine andere Person. Ihr Vorteil ist, dass Sie wissen, welche Aromen Sie mögen, welche Geschmackserfahrungen Sie schätzen, und aus der Fähigkeit, das breite Aromaspektrum wahrnehmen zu können, das eine gute Tasse Kaffee komplex und letztlich so genussvoll macht.

## DAS GUTE AN SCHLECHTEM KAFFEE

Will man das Verkosten erlernen, muss meines Erachtens ein spezieller Aspekt hervorgehoben werden. Wenn man sich auf Geschmacks- und Aromanoten konzentriert und nach den geeigneten Begriffen sucht, um das gustatorische Erlebnis in Worte zu fassen, bleibt oft der Genuss auf der Strecke.

Die beste Analogie, die mir dazu einfällt, ist, als ob Sie ein tolles Essen für Gäste gekocht hätten und Sie – während Ihre Gäste total begeistert davon sind – in einem fort nach dem sprichwörtlichen Haar in der Suppe suchen, Ihr Essen kritisieren und überlegen, was besser hätte sein können. Ihre Gäste bewerten das Essen nach anderen Maßstäben und stellen sich einfach die Frage, wie es schmeckt. Wechseln Sie einfach die Perspektive: Wie wäre es, wenn jemand für Sie gekocht hätte und an dem Essen, das Ihnen wirklich gut schmeckt, herummäkelt.

Es ist ein schmaler Grat: Wenn man sich intensiv mit einer Sache beschäftigt, kann man ihre Schönheit entdecken, neigt aber schnell dazu, sich auf ihre Schwächen zu konzentrieren. Auch ich habe beim Verkosten immer wieder mit diesem Problem zu kämpfen. Mein bester Rat ist, ab und zu etwas zu essen oder zu trinken, das wirklich minderwertig ist. Schlechter Kaffee ist weitverbreitet und eignet sich hervorragend, um die eigenen Erwartungen an den Kaffee, den man brüht oder trinkt, immer wieder neu zu bewerten und zu definieren. Wir alle brauchen ein wenig Hässlichkeit, um das Schöne in der Welt bewusster wahrzunehmen.

# Vergleichendes Verkosten

**Kaffee zu verkosten heißt zu lernen, die Sinneseindrücke beim Kaffeetrinken zu erfassen und zu analysieren. Das ist relativ einfach und lohnt sich definitiv. Besonders schnell und effektiv gelingt das eigentlich nur über die vergleichende Verkostung.**

Vergleichende Verkostungen sind bei Getränken wie Wein oder Whisky durchaus üblich, bei Kaffee jedoch eher noch selten. Eine vergleichende Verkostung, insbesondere unter Anleitung, gibt Ihnen sehr schnell Aufschluss darüber, was Sie (nicht) mögen und warum, und kann mit schon zwei verschiedenen Kaffees durchgeführt werden, aber auch mehrere können hilfreich sein. Für den Anfang rate ich davon ab, mehr als fünf Proben zu verkosten. Bei einem Wein-Tasting mit einem Dutzend verschiedener Flaschen fühlt man sich schnell überfordert und das Gleiche gilt für Kaffee.

In der Kaffeebranche haben sich schriftliche Notizen zu bestimmten Kriterien in Form von Bewertungsbögen etabliert, die meiner Meinung nach auch für Einsteiger hilfreich sein können, um die sensorischen Eindrücke zu dokumentieren. Ich glaube nicht, dass es sinnvoll ist, Aufzeichnungen zu Kaffeeverkostungen über einen längeren Zeitraum aufzubewahren. Dafür verändert sich Kaffee zu stark, sodass sich zurückliegende geschmackliche Eindrücke kaum reproduzieren lassen. Selbst wenn man Kaffee von derselben Farm oder derselben Rösterei verkostet, schwankt das Geschmackserlebnis von Jahr zu Jahr.

### Durchführung

Eine vergleichende Verkostung ist einfach durchzuführen und lässt sich gut an die verwendete Brühtechnik anpassen. Bei den Profis läuft eine Kaffeeverkostung stark standardisiert ab, da das Ziel der Verkostung die Bewertung des Kaffees nach einheitlichen Kriterien ist. Daher werden die Proben auf ein und dieselbe Weise gebrüht, sodass das Tasting bei mehreren Runden verschiedener Kaffeesorten problemlos wiederholt werden kann. Wenn Sie jedoch nur zwei Kaffees vergleichen wollen, sind Sie nicht ganz so stark eingeschränkt.

Oft empfehle ich, in zwei gleichen French-Press-Kannen zwei verschiedene Kaffees zu brühen. Es ist aber auch völlig in Ordnung, eine Probe in einer French Press und die zweite mit einer anderen Brühtechnik zuzubereiten und dann zu vergleichen. Sie können außerdem speziellere vergleichende Verkostungen durchführen, z. B. einen Kaffee mit zwei verschiedenen Methoden zu brühen. Aber fürs Erste brauchen Sie einfach nur zwei Tassen Kaffee. Dabei kann es sich um Kaffees aus verschiedenen Anbauregionen, um zwei verschiedene Röstungen desselben Kaffees oder um zwei Brühmethoden handeln. Wichtig ist,

**Kaffee:**

| | Duft | Säure | Süße | Körper | Abgang | Aroma | Gesamt |
|---|---|---|---|---|---|---|---|
| Quantität | Schwach Intensiv | Wenig Viel | Wenig Viel | Leicht Schwer | Kurz Lang | | /10 |
| Qualität | - + | - + | - + | - + | - + | | |
| Notizen | | | | | | | |

**Kaffee:**

| | Duft | Säure | Süße | Körper | Abgang | Aroma | Gesamt |
|---|---|---|---|---|---|---|---|
| Quantität | Schwach Intensiv | Wenig Viel | Wenig Viel | Leicht Schwer | Kurz Lang | | /10 |
| Qualität | - + | - + | - + | - + | - + | | |
| Notizen | | | | | | | |

**Kaffee:**

| | Duft | Säure | Süße | Körper | Abgang | Aroma | Gesamt |
|---|---|---|---|---|---|---|---|
| Quantität | Schwach Intensiv | Wenig Viel | Wenig Viel | Leicht Schwer | Kurz Lang | | /10 |
| Qualität | - + | - + | - + | - + | - + | | |
| Notizen | | | | | | | |

**Kaffee:**

| | Duft | Säure | Süße | Körper | Abgang | Aroma | Gesamt |
|---|---|---|---|---|---|---|---|
| Quantität | Schwach Intensiv | Wenig Viel | Wenig Viel | Leicht Schwer | Kurz Lang | | /10 |
| Qualität | - + | - + | - + | - + | - + | | |
| Notizen | | | | | | | |

dass sich die Kaffees in irgendeinem wesentlichen Aspekt unterscheiden. Für den Anfang rate ich, zwei grundverschiedene Kaffees zu verwenden.

Die beiden frisch aufgebrühten Kaffees sollten etwas abkühlen, selbst wenn Sie Ihren Kaffee gern dampfend heiß trinken. Der Grund dafür ist in erster Linie, dass der Geschmackssinn viel sensibler reagiert, wenn die Probe in etwa Körpertemperatur hat. Extreme Hitze oder Kälte beeinträchtigen die Fähigkeit, selbst einfache Aromen wahrzunehmen, erheblich. Ein Beispiel: Eine kalte Cola sollte erfrischend sein und ausgewogen und süß, aber nicht zu süß schmecken. Probieren Sie die gleiche Cola lauwarm, schmeckt sie geradezu unangenehm süß. Das liegt daran, dass die Geschmacksrezeptoren jetzt genau erkennen, wie viel Zucker tatsächlich enthalten ist! Dasselbe Prinzip gilt für die Verkostung von Kaffee: Wenn Sie eine Kaffeeprobe immer wieder versuchen, werden Sie feststellen, dass sich Geschmack und Aromen mit abnehmender Temperatur zunehmend öffnen. Kaffeeprofis verkosten einen Kaffee oft so lange, bis er Zimmertemperatur erreicht.

### Verkostungsblatt

Nebenstehend sehen Sie einen Verkostungsbogen, wie ich ihn gern für Einsteiger verwende, da er recht einfach gehalten ist. Die Notizfelder zu den einzelnen Kategorien müssen nicht ausgefüllt werden; sie bieten einfach Platz für spontane Anmerkungen und Assoziationen.

Lassen Sie sich beim Verkosten Zeit! Ich empfehle, ca. 20 Minuten dafür einzuplanen, denn es ist erstaunlich, wie sehr sich Ihr Eindruck der Proben verändert, wenn sie abkühlen.

Das Kriterium Duft ist bei den ersten Verkostungen optional. Hier können Sie Ihre Eindrücke festhalten, bevor Sie den ersten Schluck nehmen. Der Duft von Kaffee ist für viele verlockend und wird selbst von Personen, die den Geschmack von Kaffee gar nicht mögen, als angenehm empfunden. Bevor Sie also einen Schluck nehmen, können Sie sich fragen: Wie stark ist der Duft? Gefällt er Ihnen? Sie müssen nicht krampfhaft nach Begriffen suchen, um den Geruch zu beschreiben, es sei denn, Ihnen fällt spontan etwas ein.

Wenn Sie dann einen Schluck nehmen, konzentrieren Sie sich zunächst nur auf einen Aspekt des Kaffeegeschmacks: In diesem Beispiel ist es die Säure. Der Säuregehalt ist mit am schwierigsten zu beurteilen. Manche lieben die hellen, knackigen und saftigen Säurenoten. Andere empfinden sie als unangenehm. Konzentrieren Sie sich aber zunächst nicht darauf, ob Sie sie mögen, sondern darauf, wie sauer die erste Probe im Vergleich zur zweiten schmeckt. Welche ist säurebetonter? Gibt es einen großen Unterschied oder ist er eher gering? Fühlt sich die Säure gleich an? Überlegen Sie, ob die Säure unangenehm herb oder eher angenehm erfrischend ist. Auf dem Blatt kann nicht nur die Intensität der Säure festgehalten werden, sondern auch, ob sie gefällt oder nicht. Bei Aspekten wie dem Säuregehalt ist für manche mehr nicht immer besser.

Sie können zwischen den beiden Kaffees immer wieder abwechselnd probieren und sich auf einen Aspekt konzentrieren. Wenn Sie das Gefühl haben, einen Unterschied zu erkennen, können Sie einen anderen ins Visier nehmen: Welcher Kaffee ist süßer? Dann können Sie sich auf den Körper (auch als „Mundgefühl" bezeichnet) der beiden Proben fokussieren. Fühlt sich eine voller und schwerer an und die andere leichter?

Beim Abgang (Finish) geht es darum, wie sich der Kaffee beim Schlucken anfühlt. Bleibt der Geschmack lange im Mund liegen oder schwindet er schnell? Hinterlässt er ein angenehmes Gefühl oder greifen Sie schnell zu einem Glas Wasser, um den Geschmack loszuwerden? Dann können Sie zu den Aromen übergehen.

Bei den Aromen sollte man sich zunächst auf grundsätzliche Aromatypen konzentrieren. Niemand erwartet von Ihnen, dass Sie sofort ganz spezielle Nuancen erkennen und benennen (wenn Sie allerdings sofort eine bestimmte Assoziation haben, notieren Sie den Begriff). Hat der Kaffee eine fruchtige Note? Hat er einen nussigen oder schokoladigen Aspekt? Oder steigen vor allem die Röstaromen in die Nase? Sobald ein Aromatyp erkannt ist, finden Sie vielleicht spezifischere Beschreibungen (Deskriptoren). Wenn er fruchtig ist, an welche Art von Frucht erinnert er? Ist es die Herbe von Zitrusfrüchten? Ist es die knackige Frische von Äpfeln? Erinnert er an Beeren? Sie dürfen den Aromatyp so weit herunterbrechen, wie Sie möchten. Sie können dafür auch Aromaräder für Wein oder Kaffee zur Hilfe nehmen, die allerdings nicht immer einfach zu lesen sind. Viele wollen direkt einen konkreten Deskriptor finden, und auch das ist kein Problem. Sie müssen außerdem nicht unbedingt die Verkostersprache verwenden. Eine Beschreibung bei einer Verkostung, die mir für immer in Erinnerung bleiben wird, war, dass der Kaffee nach „spätem Marlon Brando" schmecke, was überraschend aussagekräftig war!

### Schlussfolgerungen

Am Ende einer Verkostung sollten Sie genau überlegen, welchen Kaffee Sie mochten und warum. Was hat Ihnen daran gefallen? Je öfter Sie Kaffee auf diese Weise verkosten, desto besser erkennen Sie Ihr bevorzugtes Geschmacks- und Aromaprofil, was Ihnen hilft, die Trefferquote beim Kauf eines Kaffees zu erhöhen, auf den Sie sich jeden Morgen freuen. Außerdem machen vergleichende Verkostungen Spaß und können bei allem, das Sie gern essen und trinken, für eine neue genießerische Ebene sorgen, sei es nun Schokolade oder Käse. Ich kenne Leute, die seit 40 Jahren in der Kaffeebranche arbeiten und sich immer noch auf jede vergleichende Verkostung freuen.

### NOTIZEN TAUSCHEN

Wenn Sie eine Verkostung in einer Gruppe durchführen – und ich empfehle dringend, Freunde oder Familie in den Spaß miteinzubeziehen –, ist es ratsam, während der Verkostung nicht über die jeweiligen Sinneseindrücke zu sprechen. Sobald nämlich ein Begriff laut ausgesprochen ist, kann er das eigene Empfinden und Urteil beeinflussen und es wird schwieriger, etwas anderes wahrzunehmen. Selbst erfahrene Verkoster sind sehr beeinflussbar. Nach der Verkostung ist es unbedingt empfehlenswert, über die Proben zu sprechen, Ihre Eindrücke zu vergleichen und dabei weiter zu verkosten. Wie auf Seite 74 f. beschrieben, verarbeitet Ihr Gehirn die Eindrücke eines Kaffees anders als das einer anderen Person, sodass es nie nur die eine „richtige" Erfahrung geben wird.

4

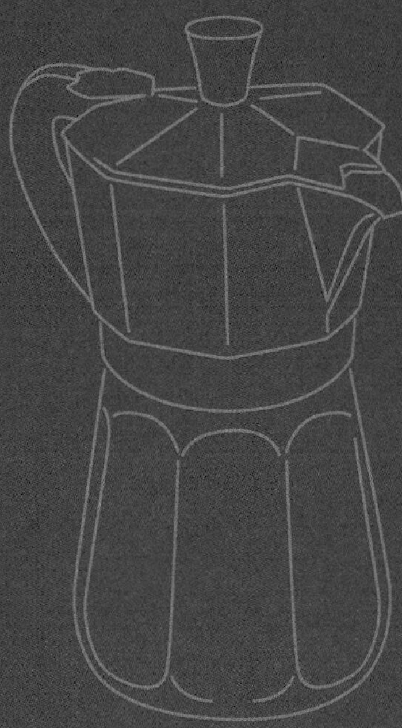

# WIE MAN GUTEN KAFFEE BRÜHT

Seitdem die Menschheit Kaffee trinkt, wird mit immer neuen Brühmethoden experimentiert und es gibt unzählige Erfindungen zur Kaffeezubereitung, von denen sich eine erstaunliche Anzahl durchgesetzt hat. Wenn es also darum geht, wie sich der selbst gebrühte Kaffee verbessern lässt, muss berücksichtigt werden, ob er in einer AeroPress oder in einer French Press zubereitet wird.

In diesem Kapitel möchte ich auf die Besonderheiten und die einzelnen Schritte ausgewählter Brühtechniken eingehen. Zuvor sollen einige allgemeine Aspekte der Kaffeezubereitung aufgezeigt werden. Sollten Sie hier also eine Methode entdecken, von der Sie noch nie gehört haben, oder einen Kaffeebereiter nutzen, der hier nicht vorgestellt wird, bestehen gute Chancen, dass Sie auch mit diesen allgemeinen Hinweisen besseren Kaffee brühen können.

Ich möchte noch einmal wiederholen, dass es nicht die eine korrekte Methode der Kaffeezubereitung gibt. Manchmal macht es Spaß, herumzuexperimentieren und neue Geräte oder neue Techniken auszuprobieren. Mit den hier vorgestellten Methoden jedenfalls können Sie mit möglichst wenig Aufwand einen leckeren Kaffee zubereiten. Ich hoffe, dass sie Ihnen in Fleisch und Blut übergehen werden und Sie mit wachsender Routine auch eine gewisse Experimentierfreude entdecken. Wenn Sie aber einfach nur einen verlässlich guten Kaffee wollen, halten Sie sich an die folgenden Techniken.

# Allgemeines zur Kaffeezubereitung

**Diesem Kapitel vorangestellt habe ich die Grundregeln für die Zubereitung eines leckeren Kaffees, die für alle Brühmethoden gelten. Auch wenn Sie sich nicht für die einzelnen Techniken interessieren und nur Espresso in der Maschine zubereiten, rate ich, die Ausführungen auf dieser Doppelseite zu lesen, um das *Wie* und *Warum* zu verstehen.**

Beim Rösten erfahren die rohen, grünen Kaffeebohnen eine große Veränderung. Neben der Entwicklung von Aromen, die das Wesen eines wohlschmeckenden, interessanten Kaffees ausmachen, wird auch die Textur der Bohne verändert: Sie wird spröde und porös. Durch Zerkleinerung wird die Oberfläche vergrößert, was ausschlaggebend dafür ist, wie viele Aromastoffe im Kontakt mit Wasser gelöst werden. Im nächsten Abschnitt kann ich Ihnen ein wenig Mathematik leider nicht ersparen (… ja, ich weiß!). Aber es trägt dazu bei, zu verstehen, wie sich Kaffee verbessern lässt bzw. warum er so schlecht schmeckt.

### Extraktion

Kaffeepulver besteht im Allgemeinen zu rund 70 Prozent aus nicht löslichen Stoffen. Sie könnten Kaffeepulver also endlos oft aufbrühen und es bliebe immer etwas Kaffeesatz übrig. Wasserlöslich hingegen sind jene Verbindungen, die für Geschmack und Aroma in einem gebrühten Kaffee sorgen. Theoretisch sollte die maximale Extraktion also bei etwa 30 Prozent des Kaffeepulvers liegen.

Früher galt in der Kaffeeindustrie eine Extraktionsrate von 18–22 Prozent als ideal, um eine gute Tasse Kaffee zu erhalten. Das mag sich etwas abstrakt anhören, also lassen Sie es uns mit ein paar Zahlen unterfüttern:

Nehmen wir an, Sie brühen einen Pour-over-Kaffee mit 30 g Pulver und 500 g Wasser mit einem Extraktionsgrad von 20 Prozent. Wird der Kaffeesatz anschließend schonend im Ofen vollständig getrocknet, müsste er nur noch 80 Prozent seines ursprünglichen Gewichts haben, also 24 g; die restlichen 6 g sind im Brühwasser gelöst und verleihen ihm Farbe, Aroma und Geschmack.

So in etwa – also durch Ofentrocknung des Kaffeesatzes – wurde früher der Zielbereich für die Kaffeeextraktion ermittelt. In den letzten 10 Jahren wurde dieses Vorgehen allerdings durch Messverfahren abgelöst, bei denen die Extraktionsrate mit einem Refraktometer (einem Instrument zur Messung der in einer Flüssigkeit gelösten Stoffe) ermittelt und der Brechungsindex des flüssigen Kaffees als Wert für seine Stärke herangezogen wird.

In obigem Beispiel zeigt das Refraktometer einen Wert von 1,36 Prozent an. Nun wird der gebrühte Kaffee gewogen (man darf nicht von 500 g ausgehen, da ein Teil des Wassers vom Kaffeesatz absorbiert wird). Das Ergebnis ist 440 g. So lässt sich einfach berechnen, wie viel Kaffee extrahiert wurde (440 × 1,36 = ~6 g). Die Extraktionsrate beträgt also 6 g/30 g (Ausgangsmenge an gemahlenem Kaffee), sprich 20 Prozent.

Man könnte den flüssigen Kaffee auch dehydrieren und anschließend wiegen, was übrig bleibt. Auf diese Weise wird, stark vereinfacht, auch Instantkaffee hergestellt, der aus reinen, löslichen Kaffeefeststoffen besteht, die nach dem Hydrieren gefriergetrocknet, zu hübschem Granulat geformt, um ein wenig wie frischer Kaffee auszusehen, und abgefüllt werden.

Die Bestimmung des Extraktionsgrades ist in erster Linie für die Kaffeeindustrie interessant und dient der Forschung und Entwicklung, der Diagnostik oder der Getränkestandardisierung im gewerblichen Bereich. Das Verständnis des Extraktionsgrads ist aber dennoch nützlich, wenn es um zwei häufig verwendete Begriffe geht: Unter- und Überextraktion.

### Unterextraktion und Überextraktion

Mit dem Begriff „unterextrahiert“ wurde früher ein gebrühter Kaffee bezeichnet, bei dem die Gesamtextraktion unter dem Zielbereich liegt, mit „überextrahiert“ ein Kaffee, bei dem die Gesamtextraktion den Idealbereich überschreitet. Ein tieferes Verständnis der Vorgänge bei der Kaffeezubereitung hat zu einer Neubewertung dieser Begriffe und ihrer tatsächlichen Bedeutung geführt.

Der Fehler in der früheren Definition von Unter- und Überextraktion besteht darin, dass sie nicht wirklich dabei hilft herauszufinden, warum ein Gebräu schlecht schmecken kann. In der Vergangenheit bestand die Lösung für eine Unterextraktion darin, die Bohnen feiner zu mahlen und für eine Überextraktion umgekehrt gröber. Dieser Ansatz scheint auf den ersten Blick ganz schlüssig: Je gröber das Pulver, desto geringer ist die Gesamtoberfläche und desto weniger Aromen können im Wasser gelöst werden. Leider führte dieses Prinzip in der praktischen Anwendung nicht in dem Maß zu einer Verbesserung von schlechtem Kaffee, wie man es sich wünschte.

# Mahlgrade

Espresso
Mokka/AeroPress
Filterkaffee
French Press
Filtermaschinen

# Schlechter Kaffee

**Bei schlechtem Kaffee ist es zunächst hilfreich, die Aromaentwicklung von unter- bzw. überextrahiertem Kaffee zu beleuchten. Unterextrahierter Kaffee schmeckt in der Regel ziemlich dünn und hat eine dominante, unangenehme Säure. Überextrahierter Kaffee wiederum schmeckt intensiv bitter und adstringierend und hat einen unangenehmen Abgang.**

Häufig wird der Fehler gemacht, gemahlenen Kaffee als homogene Masse zu betrachten, die entweder zu wenige oder zu viele Aromen abgibt. Dabei entsteht schlechter Kaffee oft, weil dem Kaffeepulver an manchen Stellen zu wenig und an anderen zu viel Aroma entzogen wird. Ein immer wiederkehrender Aspekt bei den in diesem Buch vorgestellten Brühtechniken ist, das Kaffeepulver so gleichmäßig wie möglich zu extrahieren.

Das Bemühen um eine gleichmäßige Extraktion kann auch eine Falle sein. Denn was anfangs tolle Ergebnisse liefert, kann sich auch zu einer Art Optimierungszwang entwickeln und erklärt, warum nicht selten Tausende von Euros für Kaffeemühlen, Brühgeräte oder Espressomaschinen ausgegeben werden. Wie bei vielen Dingen im Leben ist es auch bei Kaffee ziemlich einfach, gut darin zu werden. Mit ein paar einfachen Techniken lässt sich ohne großen Aufwand richtig guter Kaffee zubereiten. Will man aber auch noch die letzten 2–3 Prozent herausholen, wird es wesentlich schwieriger. Viele halten diese letzte Optimierung für überflüssig, andere haben großen Spaß daran und geben dafür gern entsprechend viel Geld aus.

Bei der gleichmäßigen Extraktion geht es nicht nur darum, *wie*, sondern auch *was* gebrüht wird. Mit sehr unregelmäßig gemahlenem Kaffeepulver ist es schwierig, eine gleichmäßige Extraktion zu erreichen. Bei Mühlen mit Schlagmahlwerk (siehe Seite 54) entsteht Kaffeemehl mit so unterschiedlichen Korngrößen, dass es fast unmöglich ist, eine gleichmäßige Extraktion zu erzielen. Mit ein paar kleinen Tricks lassen sich dennoch gute Ergebnisse erreichen.

Die nebenstehende Abbildung zeigt unterschiedliche Mahlgrade, die sich für einzelne Brühtechniken, die im nächsten Kapitel vorgestellt werden, besonders eignen. Der Schlüssel für eine gleichmäßige Extraktion ist aber eine einheitliche Korngröße – unabhängig vom Mahlgrad.

# Extraktionskontrolle

**Es gibt zwei Stellschrauben, mit denen sich die Extraktion von gemahlenem Kaffee verändern lässt: den Mahlgrad und das Verhältnis von Brühwasser und Kaffeepulver. Diese beiden Möglichkeiten möchte ich als Erstes untersuchen, um dann auf einige andere Variablen einzugehen.**

Eigentlich ist Wasser gar kein besonders gutes Lösungsmittel für Kaffee, da es im Grunde nur Aromen von der Oberfläche der Kaffeepartikel abwäscht. Je feiner die Bohnen also gemahlen werden, desto größer ist ihre Oberfläche. In einer idealen Welt wäre der Mahlgrad die einzige Stellschraube, an der man drehen müsste, um guten Kaffee zu erhalten. Je feiner aber das Kaffeepulver ist, desto schwieriger wird es, die Partikel von der Flüssigkeit abzuscheiden, und auch beim Einsatz von Filterpapier ist der schwerkraftbedingte Durchfluss des Brühwassers durch Kaffeesatz, der so fein und verdichtet ist, dass er wie ein Sandsack wirkt, schwierig. Im schlimmsten Fall findet das Wasser einen Kanal durch das Kaffeebett, durch den mehr Wasser durchfließt als durch das restliche Kaffeemehl – mit der Folge, dass entlang dieses Kanals mehr Aromen extrahiert werden (Überextraktion) und das restliche Kaffeepulver unterextrahiert wird, da es nicht ausreichend mit Brühwasser in Kontakt gekommen ist.

Dies bringt uns zur zweiten wichtigen Variablen: der Wassermenge. Beim Aufbrühen von Kaffee dient Wasser als Lösungsmittel für Aromaverbindungen. Je mehr Lösungsmittel verwendet wird, desto mehr Aromastoffe werden extrahiert. Werden beispielsweise zwei French-Press-Kannen mit gleichen Mengen Kaffeepulver, aber mit unterschiedlichen Wassermengen aufgebrüht, schmeckt der Kaffee mit mehr Wasser dünner. Betrachtet man aber die Extraktionsrate, so enthält dieser schwächere Kaffee mehr lösliche Stoffe. Vor allem bei Pour-over-Verfahren ist offensichtlich, dass mehr Aromen extrahiert werden, wenn mehr Brühwasser eingesetzt wird, und es lässt sich gut beobachten, dass auch die zusätzliche Brühflüssigkeit, die aus dem Filter tropft, Farbe und Aroma hat, also lösliche Stoffe aus dem Kaffeepulver extrahiert hat.

Wenn trotz hochwertigen Kaffeebohnen, die in einer Mühle mit Kegel- oder Scheibenmahlwerk (siehe Seite 54) gemahlen werden, und gutem, sauberem Wasser kein guter Kaffee in der Tasse landet, liegt der Grund dafür in schätzungsweise 75 Prozent der Fälle in einer dieser beiden Variablen. Deshalb ist eine digitale Waage bei der Kaffeezubereitung so nützlich (siehe Seite 53), denn damit lassen sich die beiden Hauptfaktoren für eine gute Kaffeeextraktion anzeigen und kontrollieren.

# Brühtemperatur

**Es wird viel über den Einfluss der Wassertemperatur auf die Kaffeezubereitung gesprochen, und obwohl sie eine eindeutige, wichtige Funktion hat, halte ich sie dennoch für etwas überbewertet.**

Je heißer das Brühwasser ist, desto mehr Aromen werden extrahiert, was in manchen Fällen aber gar nicht wünschenswert ist. Hellere Röstungen sind weniger löslich als dunkle Röstungen. Aber dunklere Röstungen enthalten mehr Bitterstoffe. Wenn eine dunkle Röstung also mit sehr heißem Wasser gebrüht wird, entsteht ein intensiver, ziemlich bitterer Kaffee. Daher empfehle ich für sehr helle Röstungen (fast) kochendes Wasser, für mittlere Röstungen eine Wassertemperatur von 90–95 °C und für dunkle Röstungen Wasser von 80–90 °C. Diese Angaben beziehen sich auf die Temperatur des Wassers im Wasserkocher, da die Wassertemperatur während der Extraktion in einer French Press oder bei einem Pour-over-Verfahren in der Regel etwas niedriger ist als im Wasserkocher.

### WASSERTEMPERATUR FÜR VERSCHIEDENE RÖSTUNGEN

**Sehr helle Röstung:** 95-100 °C
**Helle Röstung:** 92-100 °C
**Mittlere Röstung:** 85-95 °C
**Mitteldunkle Röstung:** 80-90 °C
**Dunkle Röstung:** 80-85 °C

# Gleichmäßige Extraktion

**Die Gleichmäßigkeit der Extraktion ist eigentlich keine Stellschraube, an der man herumdrehen sollte, sondern eher ein variables Ergebnis des Brühvorgangs.**

Hier geht es vielmehr darum, dass das gesamte Kaffeemehl möglichst gleichmäßig viel Kontakt zum Wasser hat. In der Praxis ist das allerdings kaum möglich. Kaffeepulver, selbst wenn es in der besten, teuersten Mühle gemahlen wird, weist immer unterschiedliche Korngrößen auf, und doch kommt damit sehr häufig ein unglaublich leckerer Kaffee zustande, sodass man sich mit der Frage, wie gut der Kaffee erst schmecken könnte, wenn die Korngröße tatsächlich einheitlich wäre, erst gar nicht beschäftigen muss.

Wenn Sie eine neue Brühmethode ausprobieren oder mit einem neuen Rezept experimentieren, sollten Sie bedenken, wie sich diese Methode bzw. das Experiment auf die Gleichmäßigkeit auswirken könnte. Ein gleichmäßig gebrühter Kaffee schmeckt in der Regel süßer, hauptsächlich weil weniger andere, säuerliche, herbe oder bittere Noten von der Süße ablenken. Wenn Sie mit Ihrem Kaffee glücklich sind, lohnt es sich nicht, sich weiter mit diesem Thema zu beschäftigen. Wenn der Kaffee aber eindeutig fehlerhaft schmeckt und Sie verstehen wollen, warum, ist dieser Aspekt eine Überlegung wert.

Zur Verbesserung eines Kaffees ist es sinnvoller, sich von den Parametern Bitterkeit und Säure leiten zu lassen, als sich an Messwerten wie bei der Refraktion zu orientieren (siehe Seite 88 f.). Schließlich bereiten Sie Kaffee zu, um ihn zu trinken, und nicht, um ihn zu analysieren. Wenn Sie mit Ihrem Kaffee rundum zufrieden sind und es jedes Mal schade finden, dass die Tasse schon wieder leer ist, ist es völlig in Ordnung, ihn einfach zu genießen und beim nächsten Mal dasselbe Ergebnis anzustreben, ohne Ihre Brühtechnik zu zerpflücken und endlos zu versuchen, den Kaffee irgendwie zu optimieren. Es kann zwar eine sportliche Herausforderung sein, nimmt aber auch irgendwie die Freude – und das ist vor allem beim ersten Kaffee am Morgen nicht der Sinn der Sache.

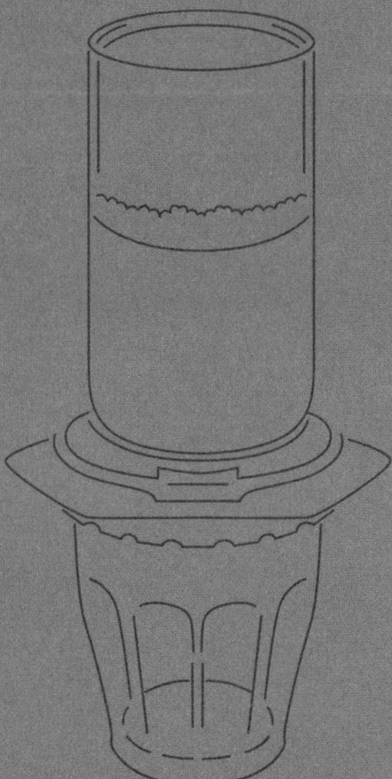

# So gelingt der beste Kaffee


French Press 98

V60 102

Melitta-Filter 106

Kalita 108

Chemex 110

Clever Dripper 112

AeroPress 116

Kaffeesiphon 120

Espressokanne 124

Elektrische Kaffeemaschine 128

# French Press

## Die French Press, auch Kaffeepresse genannt, ist, obwohl recht beliebt und weitverbreitet, meiner Meinung nach immer noch unterschätzt.

In vielen Haushalten sammelt diese Kaffeekanne fleißig Staub an, dabei bietet sie eine wunderbar einfache Möglichkeit der Kaffeezubereitung. Die Geschichte dieser Kaffeemaschine ist ein wenig verwirrend, vor allem, weil sie meist als französische Erfindung gilt – daher auch der Name. Das erste Patent stammt aus dem Jahr 1852 und wurde tatsächlich von zwei Franzosen namens Mayer und Delforge eingereicht – allerdings ohne nennenswerten kommerziellen Erfolg. Als große Geburtsstunde der French-Press-Methode gilt das Patent des Italieners Attilio Calimani aus dem Jahr 1929. In Frankreich wurde diese Kaffeemaschine zunächst unter dem Namen Chambord bekannt; in Großbritannien kam sie als La Cafetière auf den Markt. Beide Marken existieren auch heute noch.

### Zubereitung

**Brühverhältnis:** 60–70 g/l
**Mahlgrad:** Mittelfein bis mittel
**Kaufhinweis:** Die meisten erhältlichen Pressen haben wie die ursprüngliche Version einen Glaszylinder. Aus mehreren Gründen würde ich jedoch eine doppelwandige Edelstahlversion empfehlen, wenn es Ihr Budget erlaubt – in erster Linie, weil sie wesentlich robuster ist als Glaszylinder, auch wenn teurere Modelle in der Regel aus hochwertigerem, stabilerem Material gefertigt sind. Eine Edelstahlversion hält sicher ein Leben lang. Ein weiterer Grund ist, dass das Brühwasser bzw. der Kaffee in einer doppelwandigen Edelstahlkanne länger heiß bleibt als in einem Glasbehälter, was wegen der längeren Brühzeit bei dieser Technik nicht unwesentlich ist.

Manche glauben, Kaffee aus Edelstahlgefäßen habe einen unangenehmen metallischen Beigeschmack. Aber auch in Blindtests konnte ich noch nie einen Unterschied feststellen. Vielleicht sind andere Personen einfach empfindlicher als ich.

**Pflege:** Nach jedem Brühvorgang sollten alle Kannenteile mit mildem Spülmittel und Wasser gereinigt werden. Sollte sich aus irgendeinem Grund eine braune Patina auf einem Teil bilden, etwa 1 Esslöffel (10 g) Espressomaschinenreiniger (ich verwende Cafiza, aber auch andere Marken funktionieren gut) in 1 l sehr heißem Wasser auflösen und den Siebstempel einige Stunden hineinlegen, dann gründlich abspülen.

## SCHRITT FÜR SCHRITT

**1** Den Kaffee erst unmittelbar vor dem Brühen mahlen. Die Kanne auf die Waage stellen und das Kaffeepulver einfüllen. Die Tara-Taste drücken.

**2** Wasser auf die gewünschte Brühtemperatur (siehe Seite 94) erhitzen. Die erforderliche Menge über das Kaffeepulver gießen und 4 Minuten ziehen lassen.

**3** Die Kruste, die sich an der Oberfläche gebildet hat, vorsichtig mit einem großen Löffel umrühren.

**4** An der Oberfläche verbleibenden Schaum und Kaffeesatz mit zwei Esslöffeln abschöpfen.

Den Kaffee je nach Präferenz bzw. Geduld weitere 3–5 Minuten ziehen lassen – je länger, desto besser. Dabei sinken weitere, insbesondere sehr feine Kaffeepartikel zu Boden.

**5** Den Siebstempel in den Zylinder einsetzen und lediglich bis zum Flüssigkeitsspiegel nach unten drücken.

Auf keinen Fall sollte der Stempel ganz nach unten gedrückt werden, weil dadurch Turbulenzen entstünden, die den bereits nach unten gesunkenen Kaffeesatz wieder aufwirbeln und für ein unerwünscht trübes Getränk in der Tasse sorgen würden.

**6** Den Kaffee langsam ausgießen. Damit möglichst wenig Kaffeesatz in der Tasse landet, beim Ausgießen die Kannentülle beobachten und vor dem letzten Kaffeerest in der Kanne stoppen, sobald vermehrt Kaffeesatz in der Flüssigkeit zu erkennen ist.

Trinken und genießen.

### Optimierungen

Das Schöne an der French Press ist, dass sich mit ihr leckerer Kaffee mit einem Minimum an Technik und Aufwand brühen lässt. Die nebenstehende Zubereitung zielt in erster Linie darauf ab, den Kaffeesatz in der Tasse gering zu halten, und weniger auf eine gleichmäßige Extraktion oder die Optimierung des Brühvorgangs. Bei Aufgussmethoden wie in der French Press (Full Immersion) wird im Allgemeinen eine sehr gleichmäßige Extraktion erreicht, auch mit unterschiedlichen Mahlgraden. Gröbere Mahlgrade können bzw. sollten länger ziehen. Je feiner das Kaffeepulver aber ist, desto schwieriger ist es, den Kaffeesatz in der Kanne zu halten. Wenn der Kaffee schwach ist und eine unangenehme Säure hat, empfehle ich, die Bohnen beim nächsten Mal etwas feiner zu mahlen. Wenn der Kaffee zu stark ist oder etwas zu bitter schmeckt, sollte ein etwas gröberer Mahlgrad das Problem beheben.

Die Textur eines French-Press-Kaffees lässt sich zum Teil darauf zurückführen, dass der Filter nicht aus Papier oder Stoff ist, sondern aus einem feinen Metallsieb besteht, das mehr Kaffeeöle und winzige Kaffeepartikel passieren lässt. Zur weiteren Verbesserung der Textur können Sie etwas mehr Kaffeepulver (eher 70 g/l) verwenden. Wenn es darum geht, einen suboptimalen Kaffee zu korrigieren, würde ich aber davon absehen. Verändern Sie die Menge des Kaffeepulvers nur dann, wenn Sie Ihren Kaffee so mögen, wie er ist und ihn nur etwas intensiver haben möchten. Oft wird empfohlen, den Kaffee nach der Extraktionszeit sofort umzufüllen, um eine Überextraktion zu vermeiden.

# V60

## Diese bewährte Filtermethode erlangte durch die Bewegung um Spezialitätenkaffee größere Bekanntheit.

Man trifft sie sowohl in Privathaushalten als auch im Gastrobereich an. Dabei handelt es sich um einen einfachen Filter des japanischen Herstellers Hario, der leicht zu handhaben ist und hervorragende Ergebnisse liefert. Seinen Namen verdankt er dem 60°-Winkel der kegelförmigen Filterwand. Mit seiner Einführung im Jahr 2004 ist der V60 ein relativ später Neuzugang auf dem Markt der Handfiltergeräte, obwohl das Unternehmen selbst seit 1921 existiert.

Bei dieser Methode kommt es vor allem darauf an, das Kaffeepulver gleichmäßig zu befeuchten und das Brühwasser so einzufüllen, dass das Kaffeepulver im richtigen Maß aufgewirbelt und extrahiert wird und zum Schluss ein schönes flaches Kaffeebett im Filter zurückbleibt.

Ich nutze viele verschiedene Brühgeräte, aber der V60-Handfilter ist für mich ideal zur Vergleichsanstellung. Die Papierfiltertüte sorgt dafür, dass der Kaffee schön klar ist, und die Zubereitung selbst ist einfach und konsistent. Der Kaffee kann etwas feiner gemahlen werden, was ich mag. Hier sind einige wichtige Tipps und Techniken, um das Beste aus Ihren Bohnen herauszuholen. Auf den ersten Blick mag es ein wenig umständlich erscheinen, aber eigentlich ist es das nicht. Es geht einfach darum, sich auf die wichtigsten Dinge zu konzentrieren.

### Zubereitung

**Brühverhältnis:** 60 g/l
**Mahlgrad:** Mittelfein bis mittel
**Kaufhinweise:** Verwenden Sie für den Anfang auf jeden Fall ein Modell aus Kunststoff, das nicht nur billiger ist, sondern auch die Wärme besser hält und mindestens genauso gut funktioniert wie Modelle aus Glas, Metall oder Porzellan.

Das Filterpapier kann einen großen Einfluss auf die Brühzeit haben. Hario hat mehrere Hersteller für sein Papierfiltersortiment unter Vertrag, sodass einige davon eine schnellere Durchlaufzeit haben können als andere. Es gibt auch viele Dritthersteller, die hervorragende Filterpapiere produzieren. Meine wichtigste Empfehlung lautet, weiße, gebleichte Papierfilter zu verwenden und nicht braunes, ungebleichtes Papier, das ein papierartiges Aroma verursachen kann.

## V60-Brühzeit und -verhältnisse

Die Zubereitung im V60 funktioniert am besten, wenn das Wasser in zwei Portionen zugegossen wird. Die Wassermengen hängen davon ab, wie viel Kaffee Sie haben wollen. Die folgende Tabelle enthält die jeweiligen Brühverhältnisse und -zeiten.

WICHTIG: Die Angaben beziehen sich auf das **endgültige Brühgewicht,** nicht auf die einzelnen Aufgüsse. Im Wesentlichen sind es die endgültigen Grammangaben, die auf der Waage zu sehen sein sollten.

| Menge Kaffeepulver | | 15 g | | 20 g | | 30 g | |
|---|---|---|---|---|---|---|---|
| **Zeit (Min.)** | **Phase** | **Wasser-zugabe (g)** | **Endgültiges Brühgewicht (g)** | **Wasser-zugabe (g)** | **Endgültiges Brühgewicht (g)** | **Wasser-zugabe (g)** | **Endgültiges Brühgewicht (g)** |
| 0:00–0:45 | Blooming | 30–40 | 30–40 | 40–50 | 40–50 | 60–80 | 60–80 |
| 0:45–1:15 | 1. Aufguss | 110–120 | 150 | 150–160 | 200 | 220–240 | 300 |
| 1:15–1:45 | 2. Aufguss | 100 | 250 | 130 | 330 | 200 | 500 |

## SCHRITT FÜR SCHRITT

**1** Den Papierfilter in den Filter einsetzen. Mit heißem Wasser ausspülen – Leitungswasser ist o.k., wenn es heiß genug aus dem Hahn kommt. Dadurch wird der Papiergeschmack im Kaffee reduziert und der Filter vorgewärmt. Je heller die Röstung, desto heißer sollte das Brühwasser sein.

Den Filter auf die Kanne oder Tasse setzen.

Die Kaffeebohnen erst unmittelbar vor dem Brühen mahlen. Die benötigte Menge in den Papierfilter geben und mit einem Finger oder Löffel eine Mulde in die Mitte formen.

**2** Das Wasser zum Kochen bringen und sofort verwenden. Etwas Wasser in den Filter gießen, sodass möglichst das ganze Pulver benetzt ist und aufquellen kann, um $CO_2$ freizugeben. Dieser Vorgang wird „Blooming" genannt. Verwenden Sie dafür in etwa 2 g Wasser pro 1 g Kaffee. Bei Bedarf kann man auch etwas mehr Wasser zugießen.

**3** Sobald das Kaffeepulver benetzt ist, den Filter anheben und leicht schwenken, damit wirklich das ganze Kaffeemehl befeuchtet wird. Sollten noch größere Klumpen zu sehen sein oder Blasen entstehen, noch etwas länger schwenken.

Den Kaffee etwa 45 Sekunden ziehen und quellen lassen. Es ist nicht tragisch, wenn schon etwas Kaffee durch den Filter in die Kanne oder Tasse tropft.

**4** Für den ersten Aufguss die erste Wasserportion, idealerweise etwa 60 Prozent der Gesamtwassermenge, in etwa 30 Sekunden zugießen. Der Filter sollte fast voll sein, es sei denn, Sie brühen nur eine Tassenportion in einem größeren Filter auf. Das Wasser in einer kreisförmigen Bewegung zugießen, damit es gleichmäßig verteilt wird.

**5** Nun die zweite, restliche Wasserportion in einer kreisförmigen Bewegung in den Filter gießen. Dieser Vorgang sollte ebenfalls etwa 30 Sekunden dauern.

Sobald die gesamte Wassermenge eingefüllt ist, mit einem Ess- oder Teelöffel vorsichtig rühren – einmal in eine, dann in die andere Richtung –, um zu verhindern, dass zu viel Kaffeesatz an der Filterwand haften bleibt.

**6** Wenn etwa ein Drittel Brühwasser durchgelaufen ist, den Filter anheben und kurz schwenken, damit nicht zu viel Kaffeepulver an den Filterwänden haften bleibt und das Kaffeebett am Ende schön flach wird. Dadurch wird die Extraktion gleichmäßiger.

Das restliche Wasser durchlaufen lassen, bis der Kaffeesatz trocken wirkt. Den Papierfilter mit dem Kaffeesatz entsorgen. Den Filteraufsatz abnehmen und den Kaffee genießen.

### Optimierungen

Sobald Sie die Gießtechnik routiniert beherrschen, können Sie sich mit dem Mahlgrad beschäftigen. Viele mag es überraschen, wie fein das Kaffeepulver für die V60-Methode sein kann bzw. sein sollte, um einen ausgezeichneten Kaffee zu erhalten. Ich rate, jedes Mal etwas feiner zu mahlen, bis Sie merken, dass der Kaffee ein wenig herb und bitter wird und einen unangenehmen Nachgeschmack hat. Das passiert plötzlich und ist ein Zeichen dafür, dass der Mahlgrad nun zu fein ist. Wählen Sie also wieder eine etwas gröbere Einstellung, und schon schmeckt der Kaffee perfekt.

Es lohnt sich außerdem, auf die Brühzeit zu achten, um zu sehen, ob sie plötzlich abweicht. Das kann passieren, wenn Sie andere Kaffeebohnen verwenden, und ist ein Hinweis darauf, dass die Bohnen feiner oder gröber gemahlen werden sollten, damit die nächste Tasse wieder optimal schmeckt. Aufgrund der unterschiedlichen Filterpapiersorten und ihrer Auswirkungen auf die Brühzeit kann ich nur ein sehr grobes Zeitfenster von 3–4 ½ Minuten geben. Machen Sie sich nicht zu viele Gedanken darüber. Die Extraktion wird hauptsächlich über den Mahlgrad der Bohnen und die Gießtechnik bestimmt. Eine abweichende Brühzeit, die auch von der Filterpapierqualität herrühren kann, wirkt sich kaum auf Geschmack und Aroma des Kaffees aus.

# Melitta-Filter

Melitta Bentz, nach der die Filtertüten und die Unternehmensgruppe benannt ist, war eine Pionierin der Filterbrühtechnik.

Bentz' ursprüngliche Erfindung war ein Rundfilter mit Papiereinsatz, den sie sich 1908 patentieren ließ. 1938 brachte Melitta einen konischen Filter mit den dazu passenden Filtertüten auf den Markt, dessen Design sich seither kaum verändert hat. Zu den weiteren Innovationen des Unternehmens Melitta zählt unter anderem ein Verfahren zur chlorfreien Sauerstoffbleiche für weiße Papierfilter im Jahr 1992, das heute auch von vielen anderen Herstellern genutzt wird.

## Zubereitung

**Brühverhältnis:** 60 g/l
**Mahlgrad:** Mittelfein bis mittel
**Kaufhinweis:** Im Gegensatz zum V60-Brühaufsatz läuft der kegelförmige Filter von Melitta nicht spitz zu, sondern hat ein stumpfes Ende mit zwei Auslässen - eine Form, die sich interessanterweise auch bei elektrischen Kaffeemaschinen durchgesetzt hat. Melitta-Handfilter sind sowohl in Kunststoff als auch in Porzellan erhältlich. Die Kunststoffmodelle fühlen sich recht dünnwandig an, und obwohl sie wahrscheinlich eine gute Wärmespeicherung bieten, wirken sie nicht gerade wie ein Must-have. Die Porzellanmodelle hingegen sehen hübsch aus. Ich empfehle gern die Verwendung von Filtropa-Filtertüten, obwohl Melitta-Filtertüten auch gut funktionieren.

## Technik

Mit einem Melitta-Filter wird der Kaffee im Grunde wie mit einem V60-Filter (siehe Seite 104 f.) zubereitet. Die Löcher im Melitta-Filter sind etwas kleiner, sodass die Brühzeit bei gleichem Mahlgrad und gleicher Aufgusszeit insgesamt etwas länger ist als mit einem V60 - allerdings spielen auch die eingesetzten Filtertüten eine Rolle. Lassen Sie sich bei kleinen Anpassungen des Mahlgrads vom Geschmack leiten.

# Kalita

## Die Marke Kalita ist der bekannteste Hersteller für Flachbodenfilter.

Das Besondere an Kalita-Filtern sind die dafür verwendeten gewellten Filtertüten, die für viele der Standard sind, wenn es um die Wahl der idealen Filtertüte für Handbrühgeräte mit flachem Boden geht. Kalita ist jedoch nicht das einzige Unternehmen, das heute Flachbodenfilter herstellt; insbesondere in den letzten zehn Jahren gewinnt diese Art des Kafffeebrühens stark an Popularität. Viele sind der Meinung, dass ein flaches Kaffeebett, das ähnlich geformt ist wie bei hochwertigen Profi-Kaffeebereitern, eine bessere und gleichmäßigere Extraktion ermöglicht. In Bezug auf Technik und Nutzerfreundlichkeit hat jeder Filterbrüher seine Vor- und Nachteile. Daher würde ich eher dabei zögern, einer bestimmten Art von Filter den Vorzug zu geben.

### Zubereitung

**Brühverhältnis:** 60 g/l
**Mahlgrad:** Mittel bis mittelfein
**Kaufhinweis:** Die Modelle aus Edelstahl von Kalita sind beliebt und recht erschwinglich. Inzwischen gibt es auch eine Reihe ähnlicher Filter mit unterschiedlichem Fassungsvermögen oder im exakten Kalita-Design von Firmen wie Espro, Fellow und April. Sie sind allesamt solide Filtergeräte. Allerdings sollten Sie beachten, dass sich die Filtertüten nicht für alle Modelle und Hersteller verwenden lassen und daher möglicherweise weder billig noch leicht zu beschaffen sind.

### Technik

Grundsätzlich erfolgt die Zubereitung mit einem Kalita-Filter wie bei der V60-Technik (siehe Seite 104 f.). Was mit dem Kalita nicht ganz so gut funktioniert, ist das Schwenken des Kaffees nach dem Blooming und dem letzten Aufguss. Das liegt daran, dass die Bewegung der Flüssigkeit durch die Wellenform des Filterpapiers behindert wird. Beim Kalita-Filter ist eine gute Aufgusskanne mit langem Hals von noch größerem Vorteil als bei anderen Pour-over-Verfahren, da es für die gleichmäßige Wasserverteilung in dem wellenförmigen Filterpapier entscheidend darauf ankommt, wie das Kaffeepulver zum Aufquellen durchfeuchtet und wie das Wasser im Folgenden zugegossen wird, nämlich langsam, gleichmäßig und kreisend.

# Chemex

**Der Chemex-Kaffeebrüher wurde 1941 von Dr. Peter Schlumbohm entwickelt, einem deutschen Chemiker und Erfinder, der, nicht zuletzt wegen der US-Patentgesetzgebung, in die Vereinigten Staaten emigrierte.**

Schlumbohm ließ sich über 300 verschiedene Erfindungen und Geräte patentieren, wobei die Chemex-Brühmaschine zweifellos die bis heute erfolgreichste seiner Kreationen ist. Ihr ikonisches Design besteht aus einem Glaskolben mit trichterartigem Hals und einer abnehmbaren Holzmanschette, die mit einem Lederband fixiert wird. Die Chemex ist ein formschöner Kaffeebereiter, der aber durchaus seine Tücken hat. Das spezielle, recht feste Filterpapier ergibt einen sauberen, klaren Kaffee mit feiner Säure und wenig Bitternoten.

## Zubereitung

**Brühverhältnis:** 60 g/l
**Mahlgrad:** Mittel
**Kaufhinweis:** Die traditionelle Form gibt es in zwei Ausführungen: eine mit Holzmanschette und eine mit Glasgriff. Die Holzversion ist optisch schöner, doch ist es lästig, die Manschette vor jeder Reinigung abzunehmen. Pflegeleichter ist die Version mit Glasgriff, der allerdings schnell mal abbrechen kann. Vermeiden sollten Sie Chemex-Kaffeebereiter mit kleinem Fassungsvermögen, weil es damit schwierig ist, dieselbe Tassenqualität zu erreichen, und die Proportionen der kleineren Gefäße sind optisch nicht besonders ansprechend.

## Technik

Die Chemex ist im Grunde eine Variante der klassischen Handfiltermethoden (siehe Seite 104 f.), allerdings gibt es eine Reihe von Fallstricken, die man tunlichst vermeiden sollte. Da die Filtertüten viel dicker als bei anderen Filtertechniken sind, verlängert sich hier die Brühzeit. Daher würde ich einen etwas gröberen Mahlgrad als bei anderen Pour-over-Verfahren empfehlen. Zweitens kann sich das Papier am Glas und auch an der Trichteröffnung festsaugen. In diesem Fall verstopft der Trichter, da die Luft nicht zirkuliert und einen Gegendruck auf die Flüssigkeit im Filter erzeugt. Achten Sie darauf, dass der Trichter frei ist. Es hilft, wenn Sie ein Essstäbchen oder Ähnliches in den Trichter legen, wie hier gezeigt.

# Clever Dripper

Der Clever Dripper wurde 1997 in Taiwan patentiert, konnte sich aber erst in den letzten rund zehn Jahren auf dem Markt behaupten.

Das Prinzip ist sehr einfach. Es handelt sich um einen großen, konischen Aufsatzfilter, ähnlich dem Melitta-Filter, an dessen Boden sich ein Stopper befindet. Steht der Aufsatz auf einer ebenen Fläche oder auf einer Waage, sind die Tropflöcher geschlossen. Sobald der Filter auf eine Tasse/Kanne gestellt wird, wird der Stopper durch einen Mechanismus nach oben gedrückt, sodass der aufgebrühte Kaffee ablaufen kann. So entsteht eine Mischung aus Full-Immersion- und Perkolationsverfahren. Solange die Tropflöcher durch den Stopper verschlossen sind, kann der Kaffee sehr gleichmäßig extrahiert werden. Durch gute Technik folgt dann eine ebenso gleichmäßige Perkolation, sodass auf einfache Weise ein richtig guter Kaffee zubereitet wird, ohne dass man eine Aufgusskanne benötigt bzw. viel Zeit aufwenden muss. Es ist eine entspannende und befriedigende Art der Kaffeezubereitung.

## Zubereitung

**Brühverhältnis:** 60 g/l
**Mahlgrad:** Mittelfein
**Kaufhinweis:** Aufsatzfilter nach diesem Brühprinzip werden von mehreren Herstellern angeboten. Der Hario V60 Switch ist eine interessante Alternative, hat aber ein kleineres Fassungsvermögen. Zwar gibt es auch eine Reihe von Teebrühern nach demselben Funktionsprinzip, von deren Verwendung ich aber abraten möchte. Den original Clever Dripper bekommt man in mehreren Versionen, wobei ich erst mal mit dem klassischen Modell anfangen würde. Dieses ist preiswert, zuverlässig, robust und einfach zu handhaben.

Bei dieser Brühmethode steht eine gute, gleichmäßige Extraktion im Vordergrund. Wichtig ist, dass die Flüssigkeit danach schnell aus dem Filter abläuft („Draw-down"). Auch mit anderen Techniken lässt sich gut schmeckender Kaffee brühen. Allerdings kann der Durchfluss ins Stocken geraten und sich so die Brühzeit unnötig um 5 Minuten verlängern.

Clever.L

## SCHRITT FÜR SCHRITT

**1** Die Filtertüte in den Filter einsetzen und mit heißem Wasser ausspülen. Das Wasser vollständig abgießen.

Den Filter auf die Waage stellen. Die Tara-Taste drücken. Noch KEIN Kaffeepulver einfüllen.

**2** Das Wasser zum Kochen bringen und die entsprechende Menge einfüllen. Hinweis: Der Filter hat ein Fassungsvermögen von bis zu 500 g Wasser. Ich würde allerdings davon abraten, mehr als 450 g Wasser zuzugießen, da schnell mal etwas überläuft oder verspritzt wird. In diesem Beispiel werden 300 g Wasser verwendet.

**3** Schnellstmöglich die gewünschte Menge Kaffeepulver zufügen. In diesem Beispiel sind es 18 g.

**4** Das Kaffeepulver vorsichtig rühren, bis es vollständig durchfeuchtet ist und keine trockenen Pulverreste mehr vorhanden sind.

Den Kaffee 2 Minuten ziehen lassen; bei einem gröberen Mahlgrad und wenn Sie keine Kontrolle über den Mahlgrad haben, kann die Extraktionszeit auch verlängert werden.

**5** Den Kaffee vorsichtig umrühren.

Etwa 30 Sekunden warten.

**6** Den Filter auf die Tasse oder Kanne setzen.

Den Kaffee vollständig ablaufen lassen.

Im Filter sollte ein flaches Kaffeebett zurückbleiben.

### Optimierungen

Bei dieser Technik sollte für eine Verbesserung der Tassenqualität in erster Linie auf den Mahlgrad geachtet werden. Sie können auch mit der Brühtemperatur experimentieren (siehe Seite 94), um auf den Röstgrad einzugehen. Wenn nach dem Brühvorgang kein flaches, ebenes Kaffeebett im Filter zurückbleibt, liegt das Problem vermutlich darin, wie der Kaffee im Filter gerührt wurde. Rühren Sie nicht zu kräftig und versuchen Sie nicht, einen Wirbel zu erzeugen. Achten Sie auch darauf, dass der Filter immer ganz eben steht, bis der Kaffee in eine Tasse oder Kanne abgelassen wird.

# AeroPress

## Die AeroPress ist ein interessanter kompakter Kaffeebereiter, der relativ schnell Kultstatus erreicht hat.

Die AeroPress kam 2005 auf den Markt und ist eine Erfindung von Alan Adler, der bereits mit dem Aerobie-Flugring Erfolg hatte. Adlers Gebiet ist eigentlich die Aerodynamik, sodass die Entwicklung einer Kaffeemaschine eine Überraschung war. Adlers Motivation war sein Frust darüber, dass die meisten Haushaltskaffeemaschinen für ganze Kannen ausgelegt sind und es deshalb schwer war, eine Einzelportion guten Kaffee zu brühen. Seine Erfindung konnte sich zunächst kaum in der Kaffeeszene durchsetzen, doch mit dem Boom der Zubereitung von Einzelportionen in Kaffeebars ab etwa 2008 begann der Siegeszug des Produkts, das seitdem weltweit millionenfach verkauft wurde.

Was die AeroPress so spannend macht, ist, dass ich kaum so viele hochzufriedene Nutzer erlebt habe. Die Zubereitung macht Spaß und der Kaffee ist deutlich besser als das, was viele bislang getrunken haben. Viele Nutzer haben auch die Freude am Experimentieren entdeckt, sowohl mit der AeroPress als auch mit anderen Brühtechniken und -geräten.

Experimente mit der AeroPress sind auch aufgrund ihres Designs relativ einfach. Durch die Möglichkeit, eine Variable, sei es nun Mahlgrad, Brühzeit oder Wassertemperatur, zu verändern, ohne ansonsten viel anpassen zu müssen, ermöglicht sie ein tieferes Verständnis für den Brühprozess, ermutigt aber auch zum Experimentieren. Deshalb gibt es für die AeroPress so viele Brührezepte im Internet.

Bei meinem AeroPress-Rezept (siehe nächste Doppelseite) ging es mir um die Reduzierung auf die wesentlichen Variablen, die sich auf die Tassenqualität auswirken, im Sinne von Einfachheit und Wiederholbarkeit. Sie können das Rezept als Grundlage für Ihre tägliche Tasse Kaffee nutzen, aber scheuen Sie sich nicht, zu variieren oder mit anderen Ansätzen und Techniken zu experimentieren.

### Zubereitung

**Brühverhältnis:** 55–60 g/l
**Mahlgrad:** Mittelfein
**Kaufhinweis:** Die original AeroPress wird nur von einem Unternehmen hergestellt und vertrieben. Im Internet sind allerdings diverse Nachahmerprodukte erhältlich. Ich rate aus mehreren Gründen zum Kauf des Originals: Es ist ein vergleichsweise günstiges Einstiegsgerät in die Welt der Kaffeezubereitung; es lohnt sich deshalb nicht besonders, 10–20 Prozent des Kaufpreises auf Kosten von Material- und Verarbeitungsqualität zu sparen (die AeroPress besteht aus BPA-freiem Kunststoff). Zudem halte ich es für wichtig, das geistige Eigentum des Erfinders angemessen zu unterstützen, auch wenn es ein paar Euros mehr kostet.

AEROPRESS®
4
3
2
1

## SCHRITT FÜR SCHRITT

**1** Ein Filterpapier in den Filterhalter legen. Da das Papier so klein ist, muss es nicht zusätzlich befeuchtet werden.

Die Filterapparatur in den Brühzylinder schrauben.

Das Gerät mit Tasse/Kännchen auf eine Kaffeewaage stellen.

Den Kaffee mahlen und die benötigte Menge einfüllen; hier sind es 11 g.

Die Tara-Taste drücken.

**2** Wasser aufkochen und die benötigte Menge in die AeroPress gießen (hier: 200 g Wasser).

**3** Den Kolben in den Brühzylinder einsetzen, aber noch nicht nach unten drücken. Dadurch wird ein Teilvakuum über dem Kaffee erzeugt, das verhindert, dass die Flüssigkeit vorzeitig aus der AeroPress heraustropft.

Den Kaffee 2 Minuten ziehen lassen.

**4** Die AeroPress samt Kolben anheben und leicht schwenken. Dadurch wird die Kruste aufgebrochen, die sich an der Oberfläche des Kaffees gebildet hat; die meisten Kaffeepartikel sinken nach unten. Auf keinen Fall zu stark schwenken, sodass ein Wirbel entsteht. Es geht nur darum, die Kruste aufzubrechen.

Die AeroPress mit Tasse/Kännchen von der Waage nehmen und auf eine stabile Arbeitsfläche stellen.

**5** Den Kaffee weitere 30 Sekunden ziehen lassen. Dann den Kolben vorsichtig nach unten drücken. Nicht mit dem gesamten Körpergewicht pressen, sondern lediglich mit der Kraft des Armes.

Das Durchdrücken des Kaffees sollte etwa 30 Sekunden in Anspruch nehmen (keine Bange, wenn die Zeit nicht hinhaut, aber in jedem Fall ist langsamer besser).

**6** Wenn er ganz nach unten gedrückt wurde, den Kolben einige Zentimeter zurückziehen, damit die AeroPress nicht tropft.

Den Kaffeepuck (so wird der verdichtete Kaffeesatz auch genannt, weil er in der Form an eine Eishockeyscheibe erinnert) entsorgen. Alle Teile der AeroPress gründlich abspülen. Den Kaffee trinken und genießen.

## Ein Hinweis zum Kaffeebrühen für zwei

Einer der häufigsten Kritikpunkte an der AeroPress ist, dass sich darin nur eine Portion zubereiten lässt. Es ist jedoch auch möglich, Kaffee für zwei zu brühen, indem man einfach mehr Kaffeepulver verwendet und den starken Kaffee vor dem Servieren verdünnt.

Ich empfehle, den Kaffee wie nebenstehend zuzubereiten. Allerdings gilt zusätzlich zu beachten:

**1**. Es sollte so viel Wasser wie möglich in den Zylinder gefüllt werden, um eine effektive Extraktion zu gewährleisten. Nach meiner Erfahrung können Sie 22 g Kaffee mit bis zu 240 g Wasser verwenden.
**2**. Eine längere Brühzeit gleicht aus, dass pro 1 g Kaffee weniger Wasser vorhanden ist. Ich würde 4 Minuten empfehlen.
**3**. Den durchgedrückten Kaffee anschließend mit 160 g heißem Wasser strecken.
**4**. Diese Methode eignet sich auch prima für die Zubereitung von geeistem Kaffee, indem der Kaffee rasch mit 160 g Eiswürfeln heruntergekühlt und dann auf Eis serviert werden kann.

## Optimierungen

Eine AeroPress kann leicht überfordern, weil sich die Variablen auf so viele Weisen anpassen lassen. Es ist dennoch sehr einfach, einen sehr guten Kaffee hinzukriegen. Wichtig ist in erster Linie der Mahlgrad und Sie werden überrascht sein, wie fein das Kaffeepulver sein kann. Ich würde zwar davon abraten, bis in den Espresso-Mahlgrad zu gehen, aber immerhin kurz davor. Einige Mühlen kennzeichnen diesen Bereich als „geeignet für die Zubereitung in der Espressokanne“ (obwohl ich da einen anderen empfehle, siehe Seiten 124–127).

Achten Sie darauf, den Kolben nicht zu fest zu drücken. In Testreihen war es schwierig, mit starkem Druck einen guten Kaffee zu erhalten.

Die Brühtemperatur ist ebenfalls ein wichtiger Aspekt; der Erfinder Alan Adler rät zu 80 °C heißem Wasser. Das Brühen bei dieser niedrigeren Temperatur klappt mit erstaunlich vielen Kaffeesorten sehr gut. Dennoch würde ich die Brühtemperatur immer an den Röstgrad des Kaffees anpassen und bei leichteren Röstungen das Wasser bis zum Siedepunkt erhitzen (siehe Seite 94).

# Kaffeesiphon

## Dieser Vakuumbereiter ist eine erstaunlich alte Zubereitungsmethode.

Auch wenn er dank Hersteller wie Hario in Japan und Yama in Taiwan eher in Asien verortet wird, hat der Kaffeesiphon seinen Ursprung in Europa. Erste Versionen tauchten in den 1830er-Jahren in Deutschland auf. Den ersten kommerziellen Erfolg aber hatte die Französin Jeanne Richard 1838, deren Gerät auf einem früheren Modell der Berliner Firma Loeff basiert.

Das Gerät funktioniert nach einem relativ einfachen Prinzip, ist in der Bedienung aber nicht ganz so einfach: Wasser wird in einem Gefäß zum Kochen gebracht, steigt durch ein Rohr in einen zweiten, darauf angebrachten Behälter. Solange der untere Behälter weiter erhitzt wird, bleibt das Wasser bei recht konstanter Temperatur in der oberen Kammer. Nun wird das Kaffeepulver in das heiße Wasser gegeben, das man anschließend ziehen lässt. Um den Brühvorgang zu beenden, wird die Wärmequelle unter dem unteren Behälter ausgeschaltet. Beim Abkühlen kondensiert Wasserdampf und erzeugt ein leichtes Vakuum, durch das die Flüssigkeit im oberen Behälter zurück in den unteren gesogen wird. Der Kaffeesatz wird dabei von einem Filter, in der Regel aus Stoff, zwischen den Behältern zurückgehalten.

Die Zubereitung im Kaffeesiphon ist spannend und ein echtes Spektakel, aber nicht ganz unproblematisch. Schnell kann mal was schiefgehen und der Kaffee furchtbar schmecken, sodass sich selbst der regelmäßige Gebrauch als recht frustrierend erweisen kann, es sei denn, man entwickelt eine spezielle Routine. Das Gerät erlebte zwischen 2009 und 2012 einen kurzzeitigen Boom, als das Aufbrühen von Einzelportionen in Kaffeebars Trend war. Heute sind Kaffeesiphons relativ selten in Cafés zu sehen, was aber nicht heißt, dass Sie nicht mal eine Tasse probieren sollten, wenn sich die Gelegenheit dazu bietet.

### Zubereitung

**Brühverhältnis:** 55–65 g/l
**Mahlgrad:** Mittelfein
**Kaufhinweis:** Kaffeesiphons sind, ehrlich gesagt, unverhältnismäßig teuer und ich rate vom Kauf von Geräten mit sehr großem Fassungsvermögen ab, es sei denn, Sie haben einen speziellen Bedarf. Überlegen Sie gut, wie oft Sie das Gerät tatsächlich nutzen wollen, bevor Sie es kaufen. Es steht außer Frage, dass die Kaffeezubereitung im Siphon ein kleines Schauspiel ist, aber die Freude daran lässt bei jeder Wiederholung vermutlich ein wenig nach.

Bedienung und Reinigung des Geräts sind nicht unproblematisch. Zudem nimmt der gesamte Brühvorgang einige Zeit in Anspruch. Ich würde außerdem den Kauf eines Filterpapieradapters empfehlen, wenn Ihnen Stofffilter nicht zusagen. Es ist etwas mehr Arbeit, ihn korrekt im oberen Behälter einzulegen, erleichtert aber die Reinigung insgesamt etwas.

HARIO
Beam Heater

## SCHRITT FÜR SCHRITT

**1** Die abgewogene Menge Kaffee erst unmittelbar vor dem Brühen mahlen und noch nicht in den Behälter geben.

Weiches Wasser in einem Wasserkocher aufkochen und die gewünschte Menge in den unteren Behälter füllen.

**2** Einen sauberen Filter korrekt in den oberen Behälter einlegen. Den oberen Behälter auf den unteren aufsetzen. Die Behälter noch nicht verschließen.

Den unteren Behälter auf die Wärmequelle stellen (kleiner Butanbrenner, Spiritusbrenner oder spezielle Halogenlampe) und das Wasser weiter erhitzen.

**3** Wenn das Wasser zu kochen beginnt, den unteren Behälter verschließen.

Wenn das kochende Wasser durch Überdruck nach oben steigt, die Hitze auf kleine Stufe reduzieren. Warten, bis sich das anfänglich heftig aufwallende Wasser etwas beruhigt hat. Nun von oben prüfen, ob der Filter mittig sitzt. Falls auf einer Seite mehr Bläschen aufsteigen als auf der anderen, den Filter mit einem Spatel oder Löffel zurechtschieben, bis er korrekt platziert ist.

**4** Das Kaffeepulver in den oberen Behälter einfüllen.

Rühren, bis das Kaffeepulver vollständig befeuchtet ist. Einen Timer starten.

Nach 30 Sekunden den Kaffee noch mal umrühren.

**5** Nach 1 Minute die Hitzequelle abschalten und den Kaffee vorsichtig einmal im und einmal gegen den Uhrzeigersinn umrühren - oder andersrum.

**6** Den Kaffee vollständig nach unten laufen lassen, bis im oberen Behälter ein leicht gewölbtes Kaffeebett zurückbleibt. Den oberen Behälter abnehmen und den Kaffee in eine Kaffeekanne umfüllen. Vorsicht, der Kaffee ist sehr, sehr heiß.

## OPTIMIERUNGEN

Die Siphontechnik ist eine der anspruchsvolleren Zubereitungsmethoden für eine gute Tasse Kaffee und es gilt, dabei einige Dinge zu beachten. Das Besondere sind die hohe, recht stabile Brühtemperatur während der Extraktionsphase und der Unterdruck, durch den der Kaffee am Ende der Perkolationsphase in den unteren Behälter gezogen wird.

Obwohl es sich in erster Linie um eine Immersionsmethode handelt - das heißt, der Mahlgrad lässt sich an die Extraktionszeit anpassen -, hatte ich Probleme mit längeren Brühzeiten, die zusammen mit den hohen Brühtemperaturen dafür sorgen, dass der Kaffee herb schmeckt, weshalb ich eher eine relativ kurze Extraktionszeit empfehle.

Zweitens kann es leicht passieren, dass in der letzten Brühphase etwas schiefgeht: Eine große Kaffeesatzblase über dem Rohr deutet auf eine ungleichmäßige Extraktion. Idealerweise sollte der Kaffee in dieser letzten Phase ungehindert ablaufen. Rühren Sie den Kaffee zum Schluss nur vorsichtig um. Vielleicht muss auch der Mahlgrad ein wenig angepasst werden, um das Beste aus dem Kaffee herauszuholen. Versuchen Sie auch hier, den Kaffee möglichst schnell abzukühlen, und trinken Sie ihn nicht zu heiß - der bittere, herbe Geschmack verschwindet, wenn der Kaffee abkühlt.

Bei der Verwendung eines Stofffilters sollten Sie darauf achten, dass dieser immer sauber ist. Reinigen Sie ihn nach dem Gebrauch mit Cafiza oder einem anderen organischen Espressomaschinenreiniger und spülen Sie ihn gut aus.

# Espressokanne

**Die Espressokanne ist eine Erfindung der Firma Alfonso Bialetti aus dem Jahr 1933, die sich schnell zum Designobjekt entwickelte und nicht nur aus italienischen Haushalten kaum mehr wegzudenken ist.**

Für die Konstruktion der Espressokanne aus Aluguss ließ Bialetti sowohl die damals neue Technik des dampfgebrühten Espresso (mit Hochdruck erzeugten Espresso im modernen Stil gab es erst nach 1948) als auch das Design der Napoletana einfließen. Die Napoletana ist eine dreiteilige Kaffeekanne, die, sobald das Wasser im unteren Teil siedet, gewendet wird, sodass es durch das Kaffeebett in die Kanne nach unten fließt. Bialetti kehrte das Prinzip der Napoletana um, sodass das im unteren Topf erhitzte Wasser als Dampf durch das Kaffeebett in die aufgeschraubte Kaffeekanne geleitet wird.

Kaffee aus der Espressokanne dürfte dem frühen dampfgebrühten Espresso sehr nahekommen. Er ist stärker als Filterkaffee, aber nicht so intensiv wie der heutige unter Druck gebrühte Espresso. Richtig verwendet, können diese Kannen köstlichen Kaffee produzieren – sauber, süß und gleichmäßig extrahiert.

Eine Espressokanne sollte regelmäßig gereinigt werden (siehe Seite 127). Die Behauptung, eine gewisse Patina sorge für mehr Geschmack und Aroma, stimmt nicht. Vielmehr ist sie für einen bitteren, herben Beigeschmack verantwortlich, den man mit mehr Zucker zu überlagern versucht ist.

## Zubereitung

**Brühverhältnis:** 100 g/l
**Mahlgrad:** Mittelfein
**Kaufhinweis:** Den Standard setzen die Espressokannen von Bialetti. Sie sind nicht nur formschön, sondern hochwertiger verarbeitet als andere Marken, was sich unter anderem darin zeigt, dass sich die Teile besser zusammensetzen/verschrauben lassen. Da in der Kanne ein gewisser Druck entsteht, sollten insbesondere auch die Dichtungen und das Druckentlastungsventil einwandfrei sein.

Nach wie vor kursieren Bedenken hinsichtlich der Lebensmittelsicherheit von Aluguss, die jedoch unbegründet sind. Es gibt keine Beweise für einen Zusammenhang zwischen der Verwendung von Aluminium und Alzheimer-Erkrankungen. Ich selbst bevorzuge induktionsgeeignete Edelstahlkannen von Bialetti, die sehr gut verarbeitet und für alle Herdtypen geeignet sind, was sie sehr flexibel einsetzbar macht. Sie sind etwas teurer, halten aber bei guter Pflege ein Leben lang.

**Ein Hinweis zu den Größen:** Füllen Sie den Wassertopf einer Espressokanne nie über das Sicherheitsventil. Unter Druck stehend, würde es dann heißes Wasser statt Dampf ausspucken. Fassungsvermögen des Topfes und Größe des Trichters sind aufeinander abgestimmt. Wird der Topf bis zum Ventil und der Trichter bis zum Rand mit Kaffeepulver gefüllt, ohne es zusammenzudrücken, ergibt sich – unabhängig von der Kannengröße – immer ein Brühverhältnis von etwa 100 g/l.

## SCHRITT FÜR SCHRITT

**1** Prüfen, ob die Kanne sauber ist, ebenso wie die Gummidichtung, die korrekt um das Sieb liegen sollte. Außerdem darauf achten, dass die Gewinde nicht verunreinigt sind, um sicherzustellen, dass die Kanne dicht schließt.

Den Kaffee in den Trichter füllen und die Oberfläche glatt streichen. Ich rate davon ab, das Pulver anzudrücken!

Wasser in einem Wasserkocher aufkochen und bis knapp unter das Ventil in den Wassertopf der Espressokanne füllen.

**2** Den gefüllten Trichter einsetzen.

**3** Den Wasserbehälter mit einem Topflappen festhalten und das Oberteil draufschrauben.

**4** Die Kanne mit offenem Deckel bei niedriger bis mittlerer Hitze auf den Herd stellen. Starke Hitze sollte man vermeiden!

Wenn der Kaffee bald danach langsam in die obere Kammer steigt, die Hitze weiter reduzieren, ohne den Kaffeefluss abzuwürgen. Bei einem Gasherd die Hitze auf kleinste Stufe stellen; ein Elektroherd kann meist ausgeschaltet, die Kanne an den Rand des Kochfelds geschoben und die Resthitze genutzt werden.

Genau hinhören: Wenn ein gurgelndes, röchelndes Geräusch zu hören ist, die Kanne vom Herd nehmen. Alternativ den Kaffeefluss beobachten und die Kanne vom Herd nehmen, wenn nur noch einzelne Spritzer und Dampf aus dem Steigrohr kommen.

**5** Den unteren Kannenteil unter fließendes kaltes Wasser halten, um den Brühvorgang rasch zu beenden und zu verhindern, dass die Temperatur zu hoch und der Kaffee übermäßig bitter wird.

Den Kaffee sofort servieren. Ich rate davon ab, den Kaffee in der Kanne zu lassen, da seine Aromen darin relativ schnell verfliegen.

Den Kaffee trinken und genießen. Alle Kannenteile so bald wie möglich reinigen.

**Hinweis zur Reinigung:** Hin und wieder liest man von den positiven Eigenschaften der Patina, die sich an den Innenwänden der Kanne bildet, wobei es sich um getrockneten flüssigen Kaffee handelt. Ich rate, diese Patina zu entfernen bzw. gar nicht entstehen zu lassen, denn in einer sauberen Espressokanne entwickeln sich weniger Bitternoten. (Wenngleich mir klar ist, dass die Vorlieben für Bitternoten recht verschieden sein können.)

Sobald sich eine Patina entwickelt oder Sie eine alte Kanne gefunden haben und versuchen, sie auf Vordermann zu bringen, empfehle ich, die Kanne erst mal in ein Bad mit Espressomaschinenreiniger (10 g/l heißes Wasser) zu legen. Eventuell müssen Sie noch etwas schrubben und die Kanne, je nach Zustand, ein zweites Mal einweichen. Aber schließlich sollte sich die Patina vollständig lösen.

## Optimierungen

Das Kniffligste bei dieser Zubereitungsmethode ist wohl die Einstellung des Mahlgrads und die Brühtemperatur. Einer der Gründe, warum ich Induktionskochfelder mag, ist, dass sich die Hitzezufuhr immer wieder exakt gleich und präzise einstellen lässt, was bei Elektro- und noch mehr bei Gasherden nicht in dem Maße gelingt, und man ein wenig herumprobieren muss. Wenn die Hitze zu niedrig ist, kann der gemahlene Kaffee im Trichter mit der Zeit sehr heiß werden, was zu einem bitteren Geschmack führen kann. Wenn die Hitze zu stark ist, entsteht möglicherweise zu viel Druck, was zu einer ungleichmäßigen Extraktion und zu herben Aromen führt.

Der Mahlgrad sollte so eingestellt sein, dass ein starker Kaffee ohne übermäßige Bitterkeit entsteht. Man kann die Bohnen feiner mahlen und versuchen, mit weniger Wasser einen Kaffee zuzubereiten, der einem Espresso nahekommt. Allerdings ist bei einem feineren Mahlgrad das Zeitfenster für eine ordentliche Extraktion sehr klein und die Zubereitung umständlicher und frustrierender.

Schließlich möchte ich noch auf den zunehmenden Trend der Nutzung von Filterpapier eingehen, das sich bei einer Espressokanne an zwei Stellen einsetzen lässt: auf dem Trichterboden und/oder auf dem Kaffeepuck. Ein Papier auf dem Trichterboden sorgt für eine bessere Verteilung des Wasserdampfs, das durch den Kaffeepuck geleitet wird, sodass die Extraktion gleichmäßiger wird. Meist wird dafür auf AeroPress-Filterpapier zurückgegriffen. Ein Papier auf dem Kaffeepulver dient als zusätzlicher Filter, der einige Kaffeeöle und Schwebstoffe in der Flüssigkeit zurückhält. Oft entsteht etwas weniger Crema, aber auch die Bitterkeit kann durch diese zweite Filterstufe ein wenig reduziert werden.

Durch das Wiegen der erhaltenen Kaffeemenge lassen sich die Variablen rasch überprüfen; im Idealfall sollten es 65–70 Prozent des eingefüllten Wassergewichts sein. Wenn die Menge geringer ausfällt und mehr Brühwasser vonnöten ist, um eine hellere Röstung gleichmäßiger zu extrahieren, muss die Hitzezufuhr weiter reduziert werden, sobald der erste Kaffee aus dem Steigrohr läuft. Wenn der Herd bereits auf kleinste Stufe gestellt ist, kann die Kanne auf der Platte hin und her bewegt werden. Dabei muss der Durchfluss im Auge behalten und die Hitzezufuhr kurzfristig wieder erhöht/reduziert werden, sobald sich der Durchfluss verlangsamt/erhöht.

# Elektrische Kaffeemaschine

**Die elektrische Filterkaffeemaschine ist in vielen Haushalten und Büros immer noch die erste Wahl für die alltägliche Kaffeezubereitung.**

Elektrokaffeemaschinen gibt es schon lange und oft waren Preis und einfache Handhabung die wichtigsten Kriterien. Die erste Maschine, die als automatische elektrische Tropfkaffeemaschine betrachtet werden könnte, war vermutlich der 1954 von Gottlob Widmann entwickelte Wigomat, der zusammen mit anderen Geräten nach und nach den elektrischen Perkolator ablöste.

Fast alle elektrischen Kaffeemaschinen arbeiten nach demselben Prinzip, bei dem das Brühwasser durch ein Heizelement erhitzt und mithilfe von Dampfdruck durch eine Leitung in den Filter gepumpt wird, von wo es durch das Kaffeebett in eine Kanne tropf, die meist auf einer Warmhalteplatte steht.

## Zubereitung

**Brühverhältnis:** 60 g/l
**Mahlgrad:** Mittel bis mittelgrob
**Kaufhinweis:** Bei einer elektrischen Kaffeemaschine lohnt es sich, ein bisschen mehr Geld auszugeben, denn mit einer hochwertigen Maschine lassen sich tolle Ergebnisse erzielen. Beim Kauf bieten TÜV-Siegel und die Bewertung diverser Testmagazine eine gewisse Orientierung in Sachen Sicherheit, Verarbeitung, Funktionen und Brüheigenschaften. Ich beispielsweise mag Geräte mit Einschaltautomatik, sodass ich mich morgens vom Duft einer frisch gebrühten Kanne Kaffee wecken lassen kann. (Der Kaffee könnte besser sein, wenn die Bohnen frisch gemahlen wären, aber 10 Stunden über Nacht schaden nicht und bei meinem Hallo-wach-Kaffee bin ich nicht ganz so kritisch.)

Ich bevorzuge Geräte mit Thermoskannen, denn Kaffee, der auf einer Warmhalteplatte steht, schmeckt meiner Meinung nach schnell schlecht. Thermoskannen wiederum haben den Nachteil, dass sie etwas aufwendiger zu reinigen sind und dass sich der Kaffee nicht so gut bzw. vollständig leeren lässt wie aus Glaskannen, was bedeutet, dass oft ein gewisser Bodensatz bleibt – was sehr ärgerlich ist.

**Pflege:** Zum Entfernen von Ablagerungen in der Thermoskanne empfehle ich Espressomaschinenreiniger. Ich schwöre seit Langem auf Cafiza von Urnex, aber auch andere Produkte funktionieren sehr gut. Das Hauptproblem bei Elektrokaffeemaschinen sind aber Kalkablagerungen, die bei Wasser ab einem gewissen Härtegrad unvermeidlich, aber auch gut zu beseitigen sind. Wenn Sie bemerken, dass sich die Maschine ungewöhnlich verhält – zu heiß oder zu kalt oder der Durchfluss verlangsamt ist –, ist es Zeit, das Gerät zu entkalken. Dafür können Sie Zitronensäure aus der Drogerie verwenden, die umweltfreundlich und lebensmittelsicher ist. Stellen Sie eine 5-prozentige Lösung her und lassen Sie sie (ohne Kaffeepulver natürlich!) durch die Maschine laufen. Entsorgen Sie die Flüssigkeit und lassen einen zweiten Durchgang mit klarem Wasser laufen. Wenn Sie sicher sein wollen, dass die Maschine ganz sauber ist, brühen Sie eine kleine Menge Wasser auf und probieren es. Wenn es stechend säuerlich schmeckt, müssen Sie einen weiteren Klarspülgang durchführen. Diese Methode ist völlig unbedenklich; Sie brauchen sich also nicht zu sorgen, wenn Sie etwas Zitronensäure aufnehmen.

Geräte im unteren Preissegment erreichen meist nicht die ideale bzw. keine konstante Brühtemperatur. Zuerst ist das Wasser nicht heiß genug, wird dann im Laufe des Brühvorgangs immer heißer und liegt zum Schluss oft in Siedepunktnähe. Natürlich gibt es Ausnahmen, aber diese Geräte sind dann meist wesentlich teurer. Wenn Sie jedoch eine große Menge Kaffee aufbrühen wollen oder müssen (ich würde sagen, mehr als 500 g Kaffee), dann können sich elektrische Kaffeemaschinen als unglaublich praktisch und bequem erweisen.

## SCHRITT FÜR SCHRITT

Die Attraktivität von Filterkaffeemaschinen liegt vor allem in der einfachen Bedienung, sodass für den Hausgebrauch eigentlich keine Schritt-für-Schritt-Anleitung notwendig ist. Man gibt die gewünschte Menge Kaffee in den Filter und weiches Wasser in den Tank und drückt auf Start. Alles andere macht die Maschine von allein. Deshalb möchte ich Ihnen hier ein paar Tipps und Tricks für günstigere Geräte, die nicht so viele Funktionen haben, verraten.

**Temperatur:** Die meisten günstigen Maschinen brühen bei recht niedrigen Temperaturen. Wenn Sie eine hellere Röstung verwenden, rate ich, bereits heißes Wasser in den Tank zu gießen; die Brühtemperatur ist dann höher und der Kaffee wird schmackhafter. Erhitzen Sie hierfür das Wasser in einem Wasserkocher.

**Aufquellen:** Einige teure Modelle verfügen über eine Vorbrühfunktion, um das Blooming einzuleiten. Diese Funktion ist nützlich und lässt sich auf verschiedene Weise auch bei günstigeren Geräten erreichen: Sie können, sobald der Brühvorgang begonnen hat, das Gerät 20–30 Sekunden ausschalten und das befeuchtete Kaffeepulver im Filterkorb vorsichtig umrühren. Selbst günstige Maschinen haben oft eine Tropfstopp-Funktion, um zu verhindern, dass Kaffee ohne daruntergestellte Kanne auf die Heizplatte tropft. Das Wasser bleibt also im Filterkorb, sodass man eine Art Immersions-/Bloomingphase erreicht.

**Umrühren:** Bei den meisten Geräten lohnt es sich, den Kaffee im Filter am Anfang und/oder am Ende vorsichtig umzurühren. Da der Hauptvorteil dieser Maschinen die bequeme Bedienung ist, muss ein Kompromiss zwischen besserem Kaffee und zusätzlichem Aufwand gefunden werden.

### ▸ Optimierungen

Aufgrund der Kaffeemenge kann die Wahl des richtigen Mahlgrads etwas schwierig sein. Ich würde mit einem mittleren Mahlgrad beginnen, bei helleren Röstungen etwas feiner, bei dunkleren etwas gröber. Vergessen Sie nicht, den Kaffee vor dem Trinken in der Kanne umzurühren und vor der Verkostung etwas abkühlen zu lassen. Wenn Sie ihn sehr heiß trinken, schmeckt er oft noch etwas bitter, was Sie dazu verleiten könnte, die Bohnen gröber zu mahlen, als sie eigentlich sein sollten.

# 5

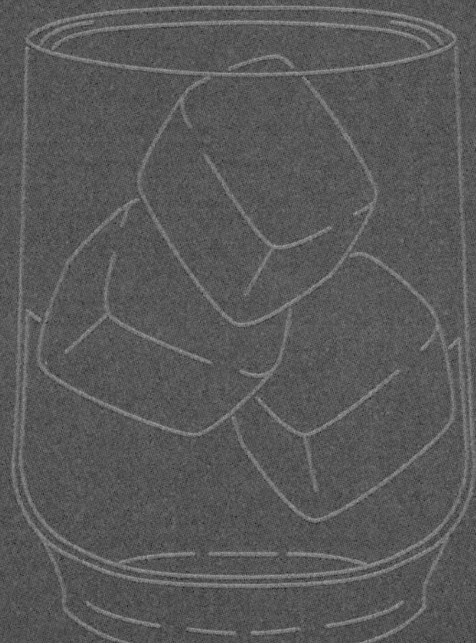

# ICED COFFEE UND COLD BREW

**Je nachdem, wo Sie aufgewachsen sind, kann kalter Kaffee entweder eine wunderbare, aufmunternde Erfrischung an heißen Tagen sein oder etwas viel zu Merkwürdiges oder gar Furchtbares, um dafür auch noch Geld auszugeben.**

Es gibt zwei Zubereitungsmethoden für kalten Kaffee, die beide begeisterte Anhänger haben und die oft gegeneinander ausgespielt werden. Ich werde beide vorstellen. Dabei werden Sie wahrscheinlich ziemlich leicht heraushören, zu welchem Lager ich gehöre ...

### Iced Coffee/Geeister Kaffee

Der entscheidende Unterschied zwischen den beiden Methoden besteht darin, dass der Kaffee einmal mit heißem und einmal mit kaltem Wasser extrahiert wird. Zunächst werde ich auf die Zubereitung mit heißem Wasser eingehen und sie erläutern.

### Geeister Filterkaffee

Diese Zubereitungsart wird auch als „japanische Art" bezeichnet. Ich bin mir nicht sicher, ob es dafür wirklich genügend Beweise gibt, doch sicher ist, dass es in Japan eine erstaunliche und ziemlich einzigartige Vielfalt an kalten Kaffeegetränken in Dosen gibt. Eine alternative Bezeichnung für geeisten Filterkaffee ist „Flash Brewed Iced Coffee", was nicht ganz zu passen scheint, da dieser Kaffee genauso lange dauert wie ein normaler Aufguss – im Vergleich zu einem Cold Brew aber natürlich viel, viel schneller geht.

Da der Kaffee mit Eiswürfeln heruntergekühlt und dadurch verdünnt wird, muss die Flüssigkeitsmenge kompensiert werden, denn eine frisch gebrühte Tasse Filterkaffee braucht eine ganze Menge Eis. Eine Lösung besteht darin, einen stärkeren Kaffee mit weniger Wasser zu brühen. Allerdings wird dabei, wie auf Seite 92 beschrieben, eine korrekte Extraktion erschwert.

Für die Kühlung eines Pour-over-Kaffees habe ich Tests gemacht und festgestellt, dass etwa ein Drittel der Gesamtflüssigkeit aus Eis bestehen muss. Wenn also 30 g Kaffeepulver normalerweise mit 500 g Wasser gebrüht werden, bedeutet dieses Brühverhältnis bei einem geeisten Kaffee: 330–335 g Brühwasser und 165–170 g Eiswürfel. Der Mahlgrad muss auch etwas feiner eingestellt und das Brühwasser langsamer zugegossen werden, um die Extraktion durch eine längere Kontaktzeit zu verbessern.

Einzelne Portionen geeisten Kaffee kann man mit der AeroPress zubereiten, da der Kaffee darin länger ziehen kann, bevor man ihn über die Eiswürfel aus dem Gerät presst. Auf den folgenden Seiten finden Sie Rezepte für eine kleine Portion geeisten Kaffee im Pour-over-Verfahren und für eine Einzelportion mit der AeroPress.

# Geeister Pour-over

**Das Grundrezept ist dasselbe wie bei der V60-Technik auf Seite 104 f. mit ein paar kleinen, einfachen Anpassungen.**

Zunächst werden 40 Prozent der Brühwassermenge in Eiswürfelform in eine Tasse oder Kanne gegeben. Das entspricht bei einem Brühverhältnis von 30 g Kaffeepulver auf 500 g Wasser: 300 g Wasser und 200 g Eiswürfel.

Da der Kaffee mit weniger Wasser gebrüht wird, sollte das Pulver etwas feiner gemahlen werden. Ich empfehle außerdem, die Kaffeepulvermenge ein wenig zu erhöhen: 65–70 g Kaffee pro 1 l Wasser sind gut, um die Verwässerung durch die Eiswürfel auszugleichen.

Ansonsten halten Sie sich an das V60-Rezept, wobei die geringere Wassermenge natürlich schneller zugegossen ist. Rühren und schwenken Sie den Kaffee im Filter, um eine gleichmäßige Extraktion zu erreichen.

Das meiste Eis sollte nach dem Brühvorgang bereits geschmolzen sein. Sollte das nicht der Fall sein, reduzieren Sie die Eiswürfelmenge beim nächsten Mal und verwenden entsprechend mehr Brühwasser, damit die Gesamtwassermenge konstant bleibt.

1
2
3
4
5
6

# Geeister AeroPress-Kaffee

**Das Grundrezept hierfür ist dasselbe wie bei der AeroPress-Technik auf Seite 118 f. mit ein paar kleinen, einfachen Anpassungen.**

Ähnlich wie bei dem vorherigen Rezept mit der V60-Technik sollten auch hier etwa 40 Prozent des Brühwassers in Form von Eiswürfeln in die Tasse oder Kanne gegeben werden.

Bei der AeroPress bedeutet das, dass entweder eine geringere Menge Kaffee aufgebrüht wird oder die volle Menge – eher selten bei der AeroPress – gleich für zwei Portionen reicht .

Für eine Tasse werden benötigt: 12 g Kaffeepulver, 120 g heißes Wasser und 80 g Eiswürfel, also für zwei Portionen: 24 g Kaffeepulver, 240 g Wasser und 160 g Eis. Die Obergrenze einer AeroPress liegt bei 240 g Wasser.

Es ist sinnvoll, die Kontaktzeit zu verlängern. Ich empfehle zusätzliche 2 Minuten zu der im Rezept auf Seite 118 f. angegebenen Zeit.

1

2

3

4

5

6

# Geeiste Espressogetränke

**Die zweite Kategorie von geeisten Kaffeegetränken, die heiß gebrüht werden, sind Getränke auf Espressobasis, wie eisgekühlte Americanos oder Latte.**

Früher war geeister Espresso verpönt, weil beim Abkühlen und durch die leichte Verdünnung die Bitternoten verstärkt werden. Es soll vorgekommen sein, dass er in Cafés deshalb nicht serviert wurde, weil der Espresso angeblich durch die Eiswürfel einen „Schock" erleide. Dieses Argument ist meiner Meinung nach nicht ganz zutreffend. Kalter Espresso hat eine stärker wahrnehmbare Bitterkeit, unabhängig davon, ob man ihn schnell oder langsam abkühlt. Wie beispielsweise auch beim Americano verstärkt sich die wahrgenommene Bitterkeit eines Espresso durch die Verdünnung.

Aufgrund der stärkeren Bitternoten von geeisten Espressogetränken ist es üblich, sie zum Ausgleich ein wenig zu süßen. Das ist nicht zwingend nötig, erklärt aber, weshalb viele eisgekühlte Latte ein wenig süßer schmecken.

Bei der Zubereitung muss bei eisgekühlten Espressogetränken wenig anders gemacht werden als bei einem herkömmlichen Espresso, außer dass das Serviergefäß etwas größer sein muss, um das zusätzliche Eis und das verdünnte, gekühlte Getränk zu fassen.

Weitere Espressorezepte, siehe Seiten 204–213.

# Cold-Brew-Kaffee

**An Kaffee, der mit kaltem oder zimmerwarmem Wasser aufgebrüht wird, scheiden sich die Geister. Für die einen ist es die einzige Möglichkeit, Kaffee zu trinken, für die anderen schmeckt er ungenießbar. Bevor ich hierauf genauer eingehe, soll erst ein Blick auf die Theorie der Kaffeezubereitung geworfen werden, um zu verstehen, was Cold Brew so besonders macht.**

Wie auf Seite 94 beschrieben, können lösliche Aromaverbindungen umso effizienter aus dem gemahlenen Kaffee extrahiert werden, je heißer das Brühwasser ist. Bei kühleren Temperaturen werden weniger Säuren und andere Verbindungen extrahiert, was zu einem eher säurearmen Kaffee führt, den insbesondere Personen schätzen, die beispielsweise unter Verdauungsproblemen oder Sodbrennen leiden. Die niedrigere Brühtemperatur hat aber noch andere Auswirkungen auf Geschmack und Aroma und viele Menschen mögen das schokoladige, runde Aromaprofil von Cold Brew sehr.

Das Cold-Brew-Verfahren birgt einige Herausforderungen: Da kühleres Wasser Aromaverbindungen weniger effektiv aus dem Kaffeepulver löst, ist eine längere Extraktionszeit erforderlich. Die Lösung für dieses Problem wäre eigentlich ein wesentlich feinerer Mahlgrad, wenn es nicht so schwierig wäre, feinste Kaffeepartikel aus kaltem Wasser zu filtern. Aus diesem Grund wird kalt gebrühter Kaffee in der Regel mit einem gröberen Mahlgrad als bei einer Pour-over-Methode aufgesetzt. Das bedeutet, dass ein Cold Brew für eine effektive Extraktion recht lange ziehen muss. Das klappt auch ganz gut, aber leider hat die Brühflüssigkeit dadurch viel Zeit, mit dem Umgebungssauerstoff zu reagieren, was häufig zu einem oxidierten Fehlaroma führt, das die einen als äußerst unangenehm empfinden, während es für andere einfach zu einem kalt gebrühten Kaffee dazugehört und sogar wünschenswert ist. Da ich meine persönlichen Vorlieben nicht als allgemeingültigen Maßstab heranziehen möchte, würde ich nie behaupten, ein Cold Brew sei minderwertig.

Eine weitere Herausforderung ist, dass zur Kompensation der geringeren Extraktion durch den gröberem Mahlgrad – selbst bei längerer Ziehzeit – in der Regel viel Kaffeepulver im Vergleich zur Wassermenge verwendet wird. Das ergibt einen stärkeren Kaffee, bei dem eine korrekte Extraktion dennoch schwierig ist. Da jedoch mit kaltem Wasser gearbeitet wird, ist der Geschmack bei einer Unterextraktion ziemlich anders. Normalerweise schmeckt unterextrahierter Kaffee recht säuerlich. Die dafür verantwortlichen Säuren lösen sich aber offensichtlich eher in heißerem

Wasser, sodass ein unterextrahierter Cold Brew oft nur dann unangenehm schmeckt, wenn er auch schwach ist. Ein höheres Verhältnis von Kaffeepulver zu Wasser hat zwei Hauptnachteile, von denen zumindest einer gar nicht als solcher gesehen werden kann. Zum einen sind die Kosten pro Tasse deutlich höher, was zum Teil daran liegt, dass einige gute Aromen im Kaffeesatz zurückbleiben, was einer Verschwendung gleichkommt. Der andere Nachteil ist, dass Koffein stark wasserlöslich ist, sodass kalt gebrühter Kaffee oft einen höheren Koffeingehalt hat. Für die einen ist das eine gute Nachricht, für andere eher weniger. Aber ein guter Cold Brew lässt sich ja schließlich auch aus (halb) entkoffeinierten Bohnen zubereiten.

Es gibt eine Reihe von Brühgeräten und Gadgets auf dem Markt, mit denen sich ein Cold Brew angeblich schneller zubereiten lässt, mal durch Druck, mal durch Schütteln oder anderes, um die Extraktionsrate zu erhöhen. Dadurch soll Kaffeepulver eingespart und/oder die Brühzeit verkürzt und möglicherweise auch gewisse unangenehme Oxidationsaromen vermieden werden. Hier ist nicht ausreichend Platz, um ausführlich auf jedes einzelne Gerät einzugehen. Durch meine bisherigen Erfahrungen bin ich zurückhaltend optimistisch, dass sich auf diese Art schnell und effizient ein Cold Brew zubereiten lässt. Allerdings ist ein Cold Brew nie mit einem heiß gebrühten und dann geeisten Kaffee vergleichbar.

Ich habe hin und her überlegt, ob ich hier ein Cold-Brew-Rezept mit aufnehmen soll, und mich dagegen entschieden, weil ich bis heute keine neue Variante gefunden habe, die mich wirklich überzeugt. Wenn Sie gern Cold-Brew-Kaffee trinken, möchte ich Sie zum Experimentieren einladen. Sie können den Mahlgrad ein wenig ändern, die Extraktionszeit ein paar Stunden kürzer oder länger halten als angegeben (26 Stunden anstelle von 24 Stunden haben keinen dramatischen Effekt) und sich so an ein Getränk herantasten, das Ihnen schmecken wird – und das ist schließlich die Hauptsache.

# 6

NICHE

# WIE MAN GUTEN ESPRESSO MACHT

Espresso kann ein ganz wunderbar intensives und komplexes – wenngleich immer nur kurzes – Vergnügen sein. Die Entwicklungen in den letzten Jahrzehnten haben dazu geführt, dass er heute oft als Krönung der Kaffeekunst gilt. Ich bin da zwar anderer Meinung, kann den Reiz und die Begeisterung für diese Zubereitungsart aber durchaus nachvollziehen.

Einen wirklich exzellenten Espresso zuzubereiten hat etwas ungemein Befriedigendes. Ich möchte aber unbedingt darauf hinweisen, dass dafür auch viel Zeit, Energie und Ressourcen nötig sind. Von Espresso- und Cappuccino-Fans werde ich häufig gefragt, ob sich der Kauf einer Espressomaschine lohne, schließlich ist die Vorstellung, die Lieblingsgetränke auch zu Hause genießen zu können, sehr verlockend. Ich antworte jedes Mal: „Brauchst du ein neues Hobby?" Nein, das wollen nicht alle und viele Leute sind überrascht, dass ich selbst keine Espressomaschine zu Hause habe.

In diesem Kapitel möchte ich auf die zahlreichen Variablen und Aspekte der Espressozubereitung eingehen, vom Equipment bis zur Brühtechnik. Meine Mission ist der Kaffeegenuss, und deshalb ist es völlig in Ordnung, wenn Ihr Kaffee aus einer erstklassigen Kaffeebar stammt, in der großer Wert auf eine hochwertige – und sorgfältig gepflegte – Espressomaschine, Premium-Bohnenqualität und kompetente Mitarbeitende gelegt wird.

# Das Espressoprinzip

**Für schnell gebrühten Kaffee müssen die Bohnen sehr fein gemahlen werden, damit das gesamte Aroma in kurzer Zeit extrahiert werden kann. Das Problem bei einem so feinen Mahlgrad ist, dass das Brühwasser allein durch Schwerkraft nicht durch das Kaffeebett laufen kann.**

Damit das Wasser durch das Kaffeemehl läuft und der Brühvorgang schnell geht, ist Druck erforderlich. Anfänglich wurde dieser Druck durch Dampf aus einem Kessel aufgebaut, der allerdings nicht sehr hoch war, vielleicht 1–2 Bar. Das daraus resultierende Getränk war kein intensiver Kaffee mit goldbrauner Crema, sondern eher mit einem Kaffee aus einer Espressokanne oder einem starken Filterkaffee vergleichbar. Innovationen und Optimierungen haben dazu geführt, dass zunächst durch (federunterstützte) Handhebel mit entsprechender Muskelkraft und später durch elektrische Pumpen ein wesentlich höherer Druck erzeugt werden konnte, um einen Espresso zuzubereiten, wie wir ihn heute kennen.

„Espresso“ bedeutet im Italienischen sowohl „schnell“ als auch „ausgepresst“, und weil der schnelle, kleine Schwarze so vielseitig ist, gibt es mittlerweile unzählige Getränke auf Espressobasis. Die Tatsache, dass Espresso in vielen Gastrobetrieben die erste und einzige Option für alle Kaffeegetränke ist – vielleicht noch verstärkt durch die Begeisterung für die italienische Kaffeekultur –, führt dazu, dass Espresso häufig als der beste Kaffee und die höchste Kunst der Kaffeezubereitung angesehen wird. Das stimmt nur bedingt. Espresso ist zwar ganz wunderbar, aber nicht besser oder schlechter als mit anderen Methoden gebrühter Kaffee. Richtig hingegen ist, dass Espresso aufgrund seiner Intensität, der kurzen Brühzeit, des hohen Brühdrucks und des feinen Mahlgrads eine der schwierigsten und oft auch eine sehr frustrierende Zubereitungstechnik ist. Gern wird auch behauptet, Espresso sei die aufwendigste, schwierigste kulinarische Zubereitung überhaupt.

Sobald man jedoch die Grundprinzipien der Espressozubereitung verinnerlicht hat, ist die Technik gut beherrschbar, und auch wenn absolute Perfektion kaum zu erreichen ist, denke ich, dass es möglich ist, einfach und wiederholt einen sehr guten Espresso zu brühen.

### Espresso braucht Widerstand

Eine gute Espressomaschine produziert heißes Wasser mit immer demselben Druck und derselben Temperatur. Der Espressobezug, also das Herstellen einer Portion Espresso, wird dadurch gesteuert, wie schnell oder langsam das Wasser den Kaffeepuck im Siebträger passiert. Je langsamer das Wasser durch den Kaffee fließt, desto mehr Aroma wird extrahiert.

Das Prinzip scheint einfach. Was die Espressozubereitung aber so schwierig macht, ist, dass bereits kleine Änderungen am Brühverhältnis oder der Brühtechnik Geschmack und Aroma des Getränks komplett verändern können.

In erster Linie lässt sich der Widerstand über zwei Variablen steuern: die Menge des Kaffees im Sieb und den Mahlgrad. Dass eine größere Kaffeepulvermenge zu mehr Widerstand und einem langsameren Brühvorgang führt, scheint offensichtlich. Ich werde später noch einmal darauf eingehen, möchte aber schon jetzt ausdrücklich darauf hinweisen, dass bereits sehr kleine Abweichungen – 0,5 g Kaffee – einen spürbaren Einfluss auf den Espresso haben können. Um die Bedeutung des Mahlgrads zu veranschaulichen, stellen Sie sich einen Damm wahlweise aus Sand oder Kieselsteinen vor. Bei einem Kieseldamm würde das Wasser leicht einen Weg durch die Lücken zwischen den Steinchen finden. Bei einem Damm aus Sand wäre der Widerstand deutlich größer, weil die Lücken zwischen den Körnern viel, viel kleiner sind. Das Gleiche gilt für Kaffee: Je feiner der Mahlgrad, desto größer der Widerstand und desto langsamer fließt das Wasser durch.

Gemessen wird Espresso in der Regel mit zwei anderen Variablen: der Flüssigkeitsmenge, die durch das Kaffeebett gepresst wird, und der Zeit, die dafür benötigt wird. Auf diese Weise kann nicht nur die Durchflussrate ermittelt werden, sondern auch das Rezept kontrolliert und feststellt werden, welche Änderungen notwendig sind, damit der Kaffee gut schmeckt.

Von diesen vier Variablen (Kaffeemenge, Mahlgrad, Brühmenge und Brühzeit) werden meist nur drei in einem Rezept angegeben, beispielsweise für einen Bezug von 36 g Espresso 18 g Kaffeepulver mit einer Brühzeit von 28–30 Sekunden. Hilfreich wäre eigentlich auch die Angabe des Mahlgrads. Allerdings lässt sich der richtige Mahlgrad nur bestimmen, wenn man das Rezept nach den Angaben brüht und misst, wie lange der Brühvorgang tatsächlich dauert, um dann den Mahlgrad schrittweise zu verändern, bis die angestrebte Brühzeit für 36 g Espresso erreicht ist.

Dieses Herantasten an den bestmöglichen Espresso nach dem Trial-and-Error-Prinzip wird in der Kaffeebranche als „Dialling-in“ bezeichnet. Dabei gibt es ein paar häufige Fehler, die den Prozess chaotisch und kontraintuitiv machen können und die ich deshalb auf den nächsten Seiten beschreiben möchte.

## Channelling

Ein komplizierter und problematischer Faktor bei der Espressozubereitung ist der sehr hohe Druck, der erforderlich ist, um das Wasser durch den dichten Kaffeepuck zu leiten. Um einen wirklich leckeren Espresso zu erhalten, muss das Wasser sehr gleichmäßig durch die Kaffeeschicht fließen. Unter Druck aber sucht sich das Wasser den Weg des geringsten Widerstands, und so kann es leicht passieren, dass das Wasser weniger dichte Stellen findet und schneller durch diese Luftkanäle hindurchfließt. Dieses Problem wird als „Channelling“ bezeichnet.

Das Wasser fließt verstärkt durch diesen Kanal, sodass der Kaffee in diesem Bereich wesentlich stärker extrahiert wird und auch herbe, sehr bittere Aromen gelöst werden. Durch das restliche Kaffeemehl läuft in diesem Fall vergleichsweise weniger Wasser hindurch, sodass es nicht korrekt extrahiert wird und der Espresso unangenehm säuerlich schmeckt.

Das Wissen um Channeling, seine Häufigkeit und seine Ursachen hat sich in den letzten Jahren weiterentwickelt, ebenso, wie es sich vermeiden lässt – wobei ich hier einschränkend hinzufügen muss, dass selbst dem besten Barista manchmal, wenngleich eher selten, ein Channelling unterläuft. Bei so hohem Wasserdruck ist es nämlich unglaublich schwierig, eine Kanalbildung ganz zu vermeiden. Wer aber besonders auf ein gleichmäßig dichtes Kaffeebett achtet, wird mit besseren Ergebnissen belohnt. Ausführliches zu Kaffeepuck und Tampern, siehe Seiten 186–189.

Mittlerweile wird auch die Brühtemperatur gern in Online-Communitys diskutiert und in Espressorezepten von Kaffeeröstern angegeben. Bei vielen Geräten lässt sich die Brühtemperatur mittlerweile einfach digital auf dem Bedienfeld einstellen. Ich werde noch näher darauf eingehen, aber um die Grundprinzipien des Dialling-in zu erklären, möchte ich diese Variable zunächst beiseitelassen.

Auf den nächsten Seiten werde ich über die praktische Anwendung des Dialling-in sprechen und darüber, wie Sie Ihr Rezept oder Ihre Technik an die verwendeten Kaffeebohnen anpassen können. Der Espressobezug sowie Geschmack und Aroma des Getränks werden durch diverse Variablen beeinflusst. Ein Espresso soll immer bestmöglich schmecken, weshalb der Geschmack die Messlatte beim Dialling-in sein sollte.

### Dialling-in über Geschmack

Mit ein wenig Übung lässt sich am Geschmack des Espresso erkennen, an welchen Stellschrauben in welche Richtung gedreht werden muss, um den nächsten Espresso besser zu machen. Viele Menschen tun sich etwas schwer mit der Vorstellung oder trauen sich nicht zu, Kaffee wie ein Profiverkoster beurteilen zu können und zu erkennen, welche Veränderungen vorgenommen werden müssen.

Beim Espressobezug ist häufig auch von Über- bzw. Unterextraktion die Rede, die ausführlich auf Seite 88 f. erläutert werden.

Auf zwei Geschmacksnoten, die bei einer fehlerhaften Extraktion besonders zum Tragen kommen, möchte ich genauer eingehen: Säure und Bitterkeit.

Eine gewisse Säure ist in den meisten Spezialitätenkaffees vorhanden, wobei der Säuregrad je nach Sorte, Anbaugebiet, Aufbereitung und Röstung der Bohnen variiert. Säurenoten sind eine wunderbare Geschmacksfacette – nicht nur bei Kaffee, sondern bei allen Speisen und Getränken. Problematisch daran kann sein, dass Säure häufig schwierig auszubalancieren ist. Eine dominante, aggressive Säure ist nie angenehm. Ein knackiger Apfel hat eine herrlich intensive Säure, purer Zitronensaft … nun ja. Welchen Säuregrad Ihr Kaffee haben soll, hängt von Ihnen ab und ein Teil des Kaffeeabenteuers besteht darin, herauszufinden, welche Art von Kaffee Sie mögen und wie Sie ihn zubereiten möchten. In jedem Fall ist der Säuregehalt ein eindeutiger Indikator für den Grad der Extraktion.

Ein unterextrahierter Kaffee hat vermutlich eine dominante, unangenehme Säure. Das liegt daran, dass die säurehaltigen Verbindungen im Kaffee sehr löslich sind. Je besser die Extraktion, desto mehr wird der Säuregehalt ausgeglichen und das Getränk zunehmend angenehm. Ab einem bestimmten Punkt ist es aber auch zu viel des Guten, denn wenn der Kaffee überextrahiert wird, entstehen zunehmend intensive, anhaltende, unangenehme Bitternoten.

## GESCHMACKSVERIRRUNG

Bitter und sauer klar zu unterscheiden ist nicht immer ganz einfach und die Verwechslung von unangenehm herben Säure- mit Bitternoten ein weitverbreitetes Phänomen. Das ist vor allem bei Kaffee problematisch, da eine zu starke Säure bzw. Bitterkeit auf völlig gegensätzliche Extraktionsfehler hinweisen können! Vielleicht haben Sie schon mal Zungen-Schaubilder gesehen, die zeigen, welche Bereiche für die Wahrnehmung von sauer, salzig oder bitter zuständig sind – eine verwirrende Darstellung, denn die jeweiligen Geschmacksrezeptoren sind auf der ganzen Zunge zu finden. Viele Menschen nehmen jedoch Säure vor allem im seitlichen Zungenbereich wahr und schmecken sie sofort, wenn sie einen Kaffee trinken. Bitternoten werden eher im hinteren Zungenbereich und in der Kehle wahrgenommen; Kaffee schmeckt also eher im Abgang bitter. Ein gutes Beispiel ist auch Salatdressing, das sowohl reine Säure (in Form von Essig oder Zitronensaft) als auch Bitternoten (wenn Sie ein hochwertiges Olivenöl verwenden) bietet.

Wenn Sie bei einem Espresso feststellen, dass er zu viel Säure und zu wenig Körper/Textur enthält, also etwas zu schwach/dünn ist, können Sie davon ausgehen, dass der Kaffee unterextrahiert ist. Wahrscheinlich ist der Mahlgrad zu grob und die Kontaktzeit zwischen Wasser und Kaffee zu kurz. Es gibt noch andere Möglichkeiten, um die Extraktion zu verändern, auf die ich als Nächstes eingehen werde. Aber eine ausgewogene Säure ist wirklich das wichtigste Kriterium, wenn es darum geht, welche Variablen geändert werden sollen.

# Rezepte und Verhältnisse

**Für die moderne Art der Espressomethode wird die Zubereitung häufig in Form von Rezepten und Brühverhältnissen angegeben.**

**REZEPT**

Ein Espressorezept enthält in der Regel die folgenden wichtigen Variablen:
Menge des gemahlenen Kaffees (g)
Menge des Espressobezugs (g)
Brühzeit (sec)
Brühtemperatur (°C)
Brühdruck (Bar)

Früher wurde die Menge des gebrühten Espresso in Milliliter angegeben, was aber immer seltener vorkommt. Das Problem bei der Angabe in Volumen ist, dass ein Teil davon aus Crema besteht. Die Crema ist nichts anderes als geschäumter Espresso und entsteht, wenn das in den gerösteten Bohnen enthaltende $CO_2$ durch das unter sehr hohem Druck stehende heiße Wasser gelöst wird. Die Menge der Crema hängt von der im Kaffeemehl gebundenen $CO_2$-Menge ab, was bedeutet, dass frisch gerösteter Kaffee mehr Crema produziert. Daneben gibt es weitere Einflussfaktoren wie Röstgrad oder ob es sich um reine Arabica-Bohnen oder eine Mischung mit Robusta handelt. Wenn Sie also einen 30-ml-Espresso aus sehr frischen Bohnen zubereiten, ist der Volumenanteil von in der Crema eingeschlossenen Gasen höher, während für einen Espresso aus älteren Bohnen mehr Wasser durch den Kaffeepuck gepresst wird, um auf die 30 ml zu kommen. Was also bei gleicher Brühzeit herauskommt, ist in Wirklichkeit ganz unterschiedlich. Die Umstellung auf Grammangaben hat dazu beigetragen, diese Variable zu eliminieren, denn das Gas hat wenig bis gar keinen messbaren Einfluss auf das Gewicht des gebrühten Espresso. 40 g Espresso haben ein größeres Volumen, wenn er aus frischeren Bohnen gebrüht wird. Aber der Extraktionsgrad ist annähernd identisch wie bei der Zubereitung des Rezepts mit älteren Bohnen.

### Crema

Die Crema ist eine der charakteristischen Qualitäten von Espresso, die aber auch ein wenig verklärt wird. Natürlich lässt der goldbraune Schaum das Getränk sehr appetitlich erscheinen, wichtiger aber ist, dass ein Espresso möglichst gut schmeckt, und nicht, wie er aussieht. Wie weiter oben erwähnt, besteht die Crema aus $CO_2$-Bläschen, die einen relativ stabilen feinen Schaum bilden. Durch den hohen Druck kann das Brühwasser mehr $CO_2$ aus den Bohnen lösen als bei anderen (drucklosen) Brühverfahren; es kommt zu einer Übersättigung. Sobald die Flüssigkeit wieder unter normalen atmosphärischen Druck gerät, entweicht das $CO_2$ in Form von Bläschen.

In der Crema gefangen sind kleinste Kaffeepartikel, die es durch das Sieb geschafft haben, wodurch die Crema häufig ein ansprechendes Muster erhält („Tigerstreifen-Crema"), insbesondere wenn dunklere Röstungen gebrüht werden. Die Crema wird oft als Qualitätsmerkmal angesehen, was bis zu einem gewissen Grad auch stimmt. Schlecht gebrühter Espresso oder Espresso aus alten Bohnen erzeugt keine anhaltende Crema und das Fehlen einer Crema ist sicherlich ein Warnhinweis dafür, dass Sie gleich was Schlechtes trinken (vorausgesetzt der Espresso wird direkt nach dem Bezug serviert, denn eine Crema hält nicht ewig). Aber auch ein Espresso, der aus frisch gerösteten minderwertigen Bohnen in einer nicht gepflegten Maschine gebrüht wird, hat eine anständige Crema – und schmeckt ziemlich übel. Also verlassen Sie sich nicht zu sehr auf den dichten braunen Schaum als Qualitätsmerkmal.

Nun dürfte deutlich sein, weshalb Sie bei der Steuerung des Brühvorgangs auf das Gewicht und nicht auf das Volumen des gebrühten Espresso achten sollten. Die Kosten für eine einfache, kleine Digitalwaage amortisieren sich sehr schnell, weil viel weniger Kaffee verschwendet werden muss, um zu einem besseren Espresso zu gelangen – der eben nicht nach Augenmaß zubereitet wird. Bevor ich mich den weiteren Variablen eines Espressorezeptes zuwende, möchte ich auf das Brühverhältnis eingehen.

### Brühverhältnis

In der Espressogemeinde wird viel über „Ratio" diskutiert. Damit ist das Verhältnis von gemahlenem Kaffee zu gebrühtem Espresso gemeint, so ergeben 18 g Kaffeepulver für 36 g Espressobezug ein Verhältnis von 1:2. Es gibt mehrere Gründe, weshalb das Brühverhältnis so wichtig ist. Nicht nur bei der Kaffeezubereitung, sondern in quasi allen kulinarischen Bereichen (insbesondere beim Backen) werden Mengen in ein Verhältnis zueinander gesetzt. Soll nämlich die Menge einer Komponente erhöht werden, muss auch der Anteil der anderen Faktoren neu berechnet werden, um das Verhältnis aufrechtzuerhalten. Wird also bei unserem 1:2-Beispiel von oben die Kaffeedosis auf 20 g erhöht, ergibt sich ein Espressobezug von 40 g.

Werden diese beiden Espressi nun mit derselben Brühzeit und Brühtemperatur zubereitet, müssten sie theoretisch gleich schmecken, schließlich haben sie dasselbe Brühverhältnis. Der zweite Espresso wäre einfach etwas größer. In der Praxis ist dies aber nur äußerst selten der Fall. Warum das so ist, erfahren Sie auf den Seiten 148–153. Auch wenn feste Brühverhältnisse also nicht die Lösung für jedes Problem sind, sollten sie auch bei kleinen Änderungen im Brühvorgang möglichst genau eingehalten werden.

Die Angabe von Brühverhältnissen ist außerdem ganz hilfreich bei der Beschreibung der verschiedenen Espressovarianten. Die klassischen sind: Ristretto, Espresso und Lungo. „Ristretto" meint „verkürzt", „lungo" bedeutet „lang". Man könnte diese Getränke nun über ihre Brühverhältnisse definieren, wenngleich die Angaben dabei eher Richtwerte bleiben.

Das Brühverhältnis für einen Ristretto wird oft von 1:1 bis 1:1,5 angegeben. Es geht auch noch konzentrierter, aber dann sind die Chancen für einen korrekt extrahierten, gut schmeckenden Kaffee sehr gering. Das Brühverhältnis für einen Espresso liegt in einem Bereich von 1:1,5 bis 1:3, für einen Lungo ab 1:3, wenngleich er bei 1:6 oder 1:7 einem Filterkaffee schon recht nahekommt.

Denjenigen, die sich zum ersten Mal mit der Zubereitung von Espresso beschäftigen, empfehle ich bei Bohnen mit spezieller Espressoröstung generell ein Verhältnis von 1:2. Das ist kein Patentrezept, aber im Allgemeinen kommt man damit dem Ziel recht nah und muss dann nur noch ein paar kleine Anpassungen vornehmen, um einen Kaffee zu erhalten, der den persönlichen Vorlieben entspricht.

Die Kenntnis der Brühverhältnisse bei Espresso ist hilfreich sowohl für die Kommunikation über sowie das Lesen von Rezepten, die von Röstern oder online weitergegeben werden, und auch für die Anwendung eines Rezeptes und die Einstellung der Schlüsselvariablen, um am Ende einen richtig guten Kaffee zu erhalten.

# Mahlgrad einstellen

**Die Variable, die bei allen, die sich noch nicht so lange mit Kaffee bzw. der Zubereitung von Espresso beschäftigen, für den meisten Frust sorgen kann, ist die Einstellung des richtigen Mahlgrads.**

Dabei scheint das Prinzip eigentlich ganz einfach: Wenn der Wasserdurchfluss durch das Kaffeebett langsamer sein und mehr Aroma extrahiert werden soll, muss ein feinerer Mahlgrad eingestellt werden. Um den Durchfluss zu beschleunigen, müssen die Bohnen gröber gemahlen werden.

Es gibt zwei Hauptgründe, warum der Kaffee vielleicht dennoch nicht das tut, was er tun soll. Der erste Grund liegt in den Rückständen im Mahlwerk. Bei fast allen Kaffeemühlen bleibt nach dem Mahlen ein bisschen Pulver im Mahlwerk zurück und bei vielen Modellen bleibt sogar relativ viel zwischen den Mahlscheiben und im Ausgabeschacht hängen. Nach einer Mahlgradänderung besteht die nächste Portion also aus einer Mischung aus der vorherigen Korngröße und der neuen, und das ist ein Problem. Nehmen wir an, Sie haben einen feineren Mahlgrad eingestellt. Der Durchfluss mag nun zwar langsamer sein, aber vielleicht noch nicht langsam genug, weshalb Sie die Mahlgradeinstellung erneut ändern wollen, was für die nächste Portion Kaffeemehl jedoch eine Mischung aus verschiedenen Korngrößen ergeben würde. Die Lösung ist einfach, aber lästig: eine kleine Portion Bohnen mahlen, um die Pulverreste mit dem alten Mahlgrad aus dem Gerät zu kriegen, und das Pulver entsorgen. Das ist Verschwendung und deshalb ärgerlich – und liegt meist an der komplizierten Konstruktion der Geräte. Bei vielen modernen Mühlen mit Dosierer beträgt die Menge vielleicht nur 5 g. Bei vielen kommerziellen Espressomühlen müssen dafür aber 20 g und mehr „geopfert" werden, was schlecht fürs Geschäft ist. Es ist jedoch besser, 5 g Kaffee zu mahlen und zu entsorgen, als 18 g zu mahlen und einen schlechten Espresso zu erhalten.

Der zweite Grund ist, dass viele nicht so recht wissen, wie groß oder klein die Änderung des Mahlgrads sein sollte. Wie weit muss der Drehknopf, das Rad oder die Displayanzeige in Richtung „feiner" oder „gröber" bewegt

werden? Allgemeingültige Angaben lassen sich hier kaum machen, aber bei einem stufenweise einstellbaren Gerät bedeutet die Veränderung um einen Mahlgrad im Allgemeinen eine Änderung der Brühzeit um 3–4 Sekunden (bei konstantem Brühverhältnis). Bei stufenlosen Geräten gibt es Hilfsmarkierungen, die in der Regel einer Stufe entsprechen. Im Allgemeinen würde ich von sehr großen Veränderungen abraten, es sei denn, Ihr Gebräu ist noch sehr weit entfernt von einem guten Espresso.

BAR
PRESSURE

# Brühtemperaturen und Pumpendruck

**Über diese beiden Variablen der modernen Espressozubereitung wird schon seit einigen Jahrzehnten eifrig diskutiert.**

Das liegt teilweise daran, dass die Auswirkungen dieser Parameter immer besser verstanden werden, und teilweise, dass die von der Kaffeegemeinde geforderten Lösungen für die Hersteller technisch relativ einfach umzusetzen waren. Das wurde mit großem Tamtam eingeführt, weshalb nun auch diese beiden Variablen immer wieder verstärkt Aufmerksamkeit erhalten.

## Brühtemperaturen

In den frühen 2000er-Jahren haben Profis und begeisterte Hobbybaristas mit einer präziseren Steuerung der Brühtemperatur ihrer Espressomaschine zu experimentieren begonnen. Bis zu diesem Zeitpunkt heizten die Maschinen das Wasser einigermaßen, aber eben nicht absolut konsistent auf eine bestimmte Temperatur auf. Die Hersteller reagierten zunächst nur zögerlich auf die Forderungen einer besseren Temperatursteuerung, als handelte es sich um das Eingeständnis einer fehlerhaften Funktion ihrer aktuellen Modelle. Aber nach und nach kamen Maschinen auf den Markt, die beständig eine konstante Brühtemperatur erzeugen konnten.

Die Markteinführung dieser neuen Technologie erfolgte noch vor der vollständigen Entschlüsselung der Espressoextraktion und bevor es Usus wurde, den Espressobezug mit einer Waage zu messen. Bis dahin glaubten viele, dass bereits Temperaturänderungen von unter 0,5 °C erhebliche Auswirkungen auf die Espressoqualität haben. Vermutlich war der Grund für die schwankende Qualität aber eher, dass der Kaffee nach dem Augenmaß-Prinzip gebrüht wurde. Auch wenn heißer gebrühte Kaffees besser waren, dürfte ein minimaler Temperaturunterschied kaum die Ursache gewesen sein.

Das heißt aber nicht, dass die Brühtemperatur unerheblich ist. Sie hat sehr wohl Einfluss auf den Geschmack, und dabei ist eine Maschine mit zuverlässig konstanten Brühtemperaturen ganz hilfreich. (Auch wenn ich sagen muss, dass von all den schlechten Espressi, die ich in meinem Leben getrunken habe, nur ein ganz winziger Bruchteil allein durch eine kleine Änderung der Brühtemperatur hätte verbessert werden können.)

Eine Erhöhung der Brühtemperatur trägt zu einer Verbesserung der Extraktion und oft auch zu einer Reduzierung der Säure und Hervorhebung der Süße bei, aber nur bis zu einem gewissen Punkt. Grundlegende Schwächen des Rezepts, der Brühzeit oder des Mahlgrads können dadurch nicht kompensiert werden. Es mag die letzte Justierung sein, wenn ein ohnehin toller Espresso noch besser gemacht werden soll.

Wichtig ist, die Brühtemperatur an den Röstgrad des Kaffees anzupassen. Hellere Röstungen vertragen heißere Temperaturen (92–97 °C), da sie weniger Bitterstoffe enthalten, die sich verstärkt bei höheren Temperaturen lösen. Bei mittleren Röstungen würde ich eine Brühtemperatur zwischen 88 °C und 94 °C empfehlen, wobei gilt: je dunkler, desto kühler. Für dunkle Röstungen scheinen mir Brühtemperaturen von 80–85 °C geeignet, um die Lösung von Bitterstoffen zu minimieren, es sei denn, Sie legen Wert auf Bitternoten, dann können Sie auch heißer brühen.

Ich zögere jedoch, absolut feste Werte anzugeben, weil es die Vorstellung bestärkt, eine ganz bestimmte Brühtemperatur sei besser oder ideal. Die Wahrheit ist, dass wir es nicht mit Bestimmtheit wissen. Wir wissen nur, wie wichtig Wiederholbarkeit und Temperaturkontrolle sind. Bei vielen Maschinen kommt es während des Brühvorgangs aufgrund der Bauweise nämlich zu gewissen Temperaturschwankungen. Aber auch mit diesen Maschinen lässt sich köstlicher Espresso herstellen.

Durch die technische Entwicklung sollten bald Maschinen mit zuverlässiger Temperaturprofileinstellung auf dem Markt sein, was bedeutet, dass sich bei denen die Temperatur während des Brühvorgangs regulieren lässt. Das ist ein spannendes Feature, aber was genau damit bewirkt werden kann, ist noch nicht klar – was uns zu einer weiteren Variablen führt.

### Pumpendruck

Espresso ist per Definition unter hohem Druck gebrühter Kaffee. Aber beim Thema Druck gibt es reichlich Verwirrung. Die häufigste Empfehlung lautet 9 Bar. Um zu verstehen, warum es ausgerechnet 9 Bar sind und wie dieser Druck zuverlässig erreicht wird, muss erst nachvollzogen werden, wie der Druck in den meisten Espressomaschinen erzeugt wird und gesteuert werden kann.

Profi-Espressomaschinen mit Rotationspumpe (Kreiselpumpe) haben in der Regel eine Druckanzeige, die auf 9 Bar ansteigt, wenn die Pumpe eingeschaltet und der gefüllte Siebträger eingerastet ist. Der Druck wird sehr nah an der Pumpe gemessen und stellt den maximalen Druck im System dar. Wenn die Espressomaschine gespült wird, um die Kaffeereste des vorherigen Bezugs zu entfernen, lässt sich beobachten, dass das Wasser nicht unter Druck zu stehen scheint, obwohl auf dem Manometer ein hoher Druck angezeigt wird. Das liegt daran, dass der Druck nicht konstant ist und ohne Widerstand durch den komprimierten Kaffeepuck im Siebträger ein Druckabfall zwischen Pumpe und Brühkopf erfolgt. Als es technisch möglich war, auch den Druck am Brühkopf zu messen, stellte man fest, dass der Druck dort lediglich bei 8 Bar lag. Der Grund hierfür ist, dass es sich nicht um ein geschlossenes System handelt und Druck entweicht, wenn die Flüssigkeit durch den Kaffeepuck in die Tasse fließt. Der Widerstand, den der Kaffeepuck bietet, bestimmt, wie hoch der von der Pumpe erzeugte Druck ist. Sehr grob gemahlener Kaffee brüht unter relativ niedrigem Druck; bei sehr fein gemahlenem Kaffee dürfte der Druck annähernd 9 Bar erreichen, da die Flüssigkeit nur schwer durchkommt.

Bei Geräten mit Vibrationspumpe wird üblicherweise ein höherer Druck aufgebaut, der dann über ein Überdruckventil auf 9 Bar reguliert wird. Leider ist dieses Ventil bei den meisten Maschinen für den Privatgebrauch nicht korrekt eingestellt. Eine Korrektur ist zwar nicht schwierig, erfordert aber das Öffnen und den Eingriff in ein elektrisches Gerät, was unter Umständen zum Erlöschen der Garantie führt und nicht ganz ungefährlich ist, wenn man nicht genau weiß, was zu tun ist. Darum rate ich im Allgemeinen davon ab.

Vor 1961 war es üblich, den notwendigen Druck in Espressomaschinen mithilfe eines per Hebel betätigten (federunterstützten) Kolbens zu erzeugen, der allerdings nicht konstant war, sondern unmittelbar nach Beginn des Brühvorgangs immer weiter abnahm. Mit der Entwicklung der E61-Brühgruppe von FAEMA im Jahr 1961, in der eine Rotationspumpe verbaut war, gewannen elektrische Pumpen zunehmend an Beliebtheit. Jenes Jahr stellte insofern vielleicht eine Zäsur dar, da sich die Espressowelt nun in zwei Gruppen spaltete: Anhänger des konstanten Drucks und Anhänger der Druckkurve (Druckprofil).

Der Druckaufbau in einer Maschine war in der Anfangszeit kaum von Bedeutung oder ein interessantes Experimentierfeld, bis die Firma La Marzocco ihr Modell Strada auf den Markt brachte, die programmierbare Druckprofile mithilfe einer Getriebepumpe ausführte. Die Funktion der Druckprofile in Verbindung mit der entsprechenden Technik sorgte zunächst für viel Interesse und Aufregung. Es sollte aber gut zehn Jahre dauern, bis weitere Hersteller durch ihre Forschungsarbeit die potenziellen Vorteile von Druckprofilen bei der Espressozubereitung verstanden hatten.

Bevor ich weiter über Druckprofile bei der Espressozubereitung spreche, muss ich zunächst erklären, wie der Brühvorgang abläuft.

### Pre-Infusion

Die erste Phase wird als „Pre-Infusion" (Vorbrühen) bezeichnet. Diesen Begriff gibt es zwar schon lange, aber die Diskussion darüber hat sich erst in der Ära der modernen Kaffeezubereitung intensiviert. In fast jeder Espressomaschine laufen die ersten Sekunden des Brühvorgangs nicht unter vollem Druck ab, was daran liegt, dass das Wasser erst den Raum zwischen Brühkopf und Kaffeepuck füllen und dann in den Kaffeepuck sickern muss, bevor der Pumpendruck auf den Kaffeepuck wirken kann. Bei einigen Maschinen wird dieser Vorgang durch die Ausleitung von Wasser durch eine sehr kleine Öffnung (in der Regel etwa 0,5 mm Durchmesser) zusätzlich verlangsamt, wodurch sich die Durchflussrate und der volle Druckaufbau verlangsamen. Aus diesem Grund dauert es nach Start der Maschine in der Regel 6–10 Sekunden, bis der erste Kaffee in die Tasse läuft.

Die Pre-Infusion ist aber nicht nur die erste Phase der Espressozubereitung, sondern auch erwünschtes Zwischenziel, mit dem die Durchfeuchtung des gesamten Kaffeepucks erreicht wird, bevor der volle Pumpendruck wirksam wird. Das Vorbrühen trägt also zu einer gleichmäßigeren Extraktion in der Hauptbrühphase bei und verbessert den Espresso.

Bei vielen Maschinen lässt sich die Pre-Infusion auf die eine oder andere Art steuern und im Allgemeinen rate ich dazu, durch Experimentieren herauszufinden, wann der Kaffeepuck durchfeuchtet ist, aber noch nicht unter vollem Druck steht. Das gelingt am einfachsten mit einem bodenlosen Siebträger, dessen Anschaffung ich zur Verbesserung der Brühtechnik unbedingt empfehlene, da der Kaffee so direkt aus dem Brühsieb tritt und nicht durch den Auslauf bzw. die Ausläufe. (Mehr zu den Komponenten eines Siebträgers, siehe Seite 166 f.)

Die einzige Methode, die ich nicht empfehlen würde, ist die manuelle Pre-Infusion, bei der die Maschine kurz aus- und dann wieder angeschaltet wird. Theoretisch findet auch dabei eine Pre-Infusion statt, aber oft wirkt das Ab- und Anschalten sehr störend. Sofern sich überhaupt Druck aufgebaut hat, wird er über den Brühkopf kurzzeitig auf den Puck übertragen, der dadurch aufreißen kann. Wenn die Pumpe dann wieder den vollen Druck aufgebaut hat, fließt das Wasser in der Hauptbrühphase verstärkt durch die entstandenen Risse im Puck; es kommt zu einem Channelling.

### Hauptbrühphase

Die Änderung des Drucks während der Hauptbrühphase ist durchaus sinnvoll, auch wenn sie leicht dazu führen kann, dass jeder Espresso ein bisschen anders schmeckt. Das mag mitunter frustrierend sein und ist sowohl im Profibereich als auch in Hobbybarista-Communitys Gegenstand von Experimenten und Diskussionen.

Der beste Rat, den ich hierzu geben kann, ist, auf den Durchfluss zu achten. Die Durchflussrate ist definiert als die Geschwindigkeit, mit der das Wasser in einer bestimmten Zeit durch den Kaffeepuck fließt. Druck und Durchfluss stehen in Relation zueinander und logisch wäre, je höher der Druck, desto schneller wird das Wasser durch den Kaffee gepresst, was aber nicht immer der Fall ist. Ein Druck über 9 Bar kann den Kaffeepuck so stark komprimieren, dass die Durchflussrate tatsächlich wieder abnimmt. Vermutlich gelten 9 Bar deshalb als bevorzugter Brühdruck, weil hier der Scheitelpunkt auf der Durchfluss-Druck-Kurve liegt.

Die Beobachtung des Durchflusses verrät interessanterweise viel über den Espresso. Ein konstanter Pumpendruck führt nicht zwangsläufig zu einem konstanten Durchfluss. In der zweiten Hälfte der Hauptbrühphase wird der Durchfluss immer stärker, was daran liegt, dass der Kaffeepuck durch das Brühwasser aufgeweicht ist und erodiert. Am Ende ist weniger Kaffee vorhanden als zu Beginn.

Es wird argumentiert, dass eine Abnahme des Pumpendrucks während des Brühvorgangs – wie sie etwa auch bei Hebelmaschinen erfolgt (siehe Seiten 168–170) – hilfreich für eine konstante Durchflussrate sei. Das mag einer der Gründe sein, warum viele Menschen Espresso aus Hebelmaschinen bevorzugen. Ein weiterer möglicher Vorteil der Druckreduzierung während des Bezugs ist, dass sich dadurch ein Channelling aufgrund eines hohen Pumpendrucks vermeiden ließe, denn je länger die Brühzeit, desto eher kommt es zu Channelling. Eine Druckreduzierung mag hier der einfachste Weg zur Problementschärfung sein, wenn Ihre Maschine derartiges erlaubt.

Zuletzt möchte ich darauf hinweisen, dass ein Brühdruck von 9 Bar nicht in Stein gemeißelt ist, denn auch mit niedrigerem Druck lässt sich ein hervorragender Espresso brühen. Bei einer Kaffeemühle der Einstiegs- bis Mittelklasse kann der Espressobezug bei rund 6 Bar dafür sorgen, die Extraktion zu verbessern. Außerdem können Sie mit diesem Druck gut an Ihrer Kaffeepucktechnik arbeiten (Dosieren, Verteilen und Tampern, siehe Seiten 184–187).

# Siebträger- und Brühkopfkomponenten

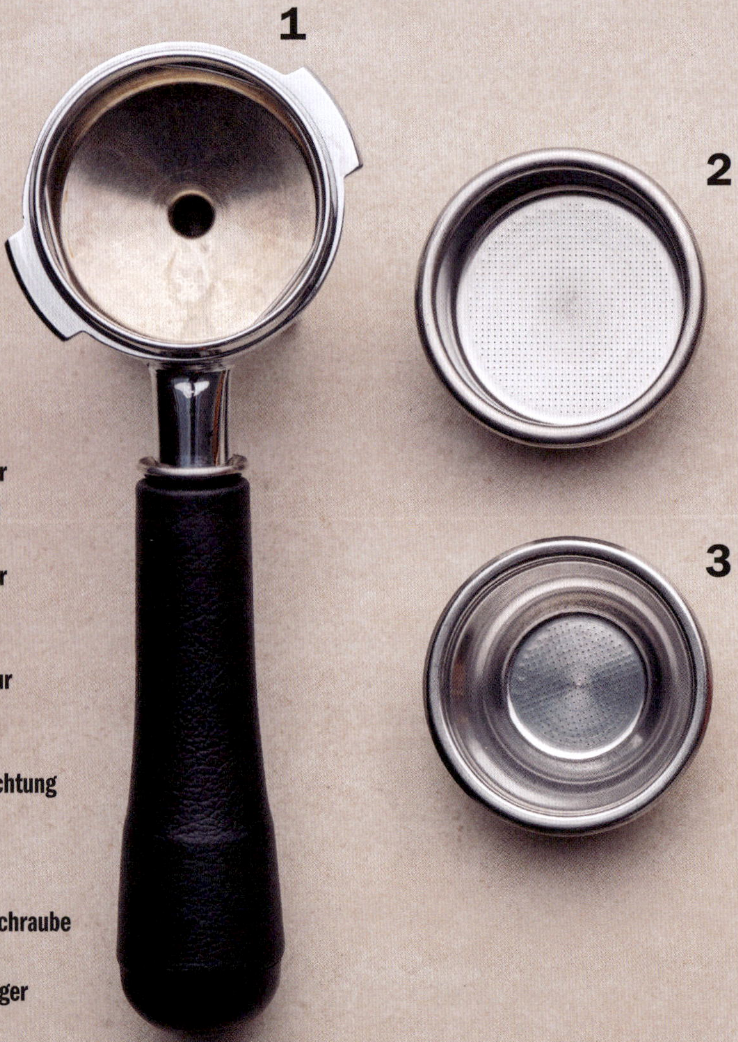


1. **Siebträger**
2. **Brühsieb für 2 Portionen**
3. **Brühsieb für 1 Portion**
4. **Blindsieb zur Reinigung**
5. **Brühkopfdichtung**
6. **Duschsieb**
7. **Duschsiebschraube**
8. **Duschenträger**

4
6
7
5
8

# Espressomaschine kaufen

## Wenn man sich Kaffeezubereitung intensiver widmen möchte, ist eine Espressomaschine häufig die teuerste Anschaffung.

Eine Espressomaschine verspricht intensiven, köstlichen Kaffeegenuss zu einem Bruchteil des Preises, den man in einem Café für einen guten Kaffee bezahlen müsste, wann immer man Lust darauf hat. Die Wahrheit ist, dass eine Espressomaschine eine Freizeitbeschäftigung ist, und zwar nicht unbedingt eine, die man sich ausgesucht hat. Die Zubereitung von Espresso ist zeit- und arbeitsaufwendig und manchmal auch richtig frustrierend. Zugegeben, das ist keine besonders positive Aussage von jemandem, für den Kaffee eine echte Leidenschaft ist. Aber wenn Sie schon bereit sind, eine Menge Geld für eine Espressomaschine auszugeben, sollte Ihnen die Nutzung auch Spaß machen. Wenn Sie eher köstliche Espressi vor Augen haben als die aufwendige Zubereitung und die regelmäßige Reinigung und Pflege des Geräts, dann empfehle ich Ihnen eine andere Brühmethode für Ihren täglichen Kaffee zu Hause und den Espresso in einem guten Café.

Eine Espressomaschine macht im Grunde einen relativ einfachen Job: Sie presst heißes Wasser mit hohem Druck durch ein Kaffeebett. Diese Aufgabe wird von fast jeder Espressomaschine – ganz unabhängig vom Preis – mehr oder weniger gut erfüllt. Dadurch wird die Wahl beim Kauf einer neuen Maschine nicht leichter. Deshalb will ich Ihnen auf den folgenden Seiten einige Maschinentypen und ihre Funktionsweisen vorstellen und wie sich diese im Preis niederschlagen. So können Sie vielleicht besser entscheiden, ob die Features der Maschine(n), die Sie ins Auge gefasst haben, Ihren Vorstellungen und Bedürfnissen entsprechen.

### Druckerzeugung

Ganz entscheidend für den Espressobezug ist die Druckerzeugung. Eine ausführliche Beschreibung dazu finden Sie im Abschnitt „Pumpendruck", Seite 162 f. Im Wesentlichen gibt es vier Wege, auf denen der erforderliche Druck von etwa 9 Bar oder 130 Psi in einer Espressomaschine erzeugt werden kann:

### 1. Handhebelmaschinen

Diese Geräte haben kein im Gehäuse verbautes Element zur Druckerzeugung (Pumpe). Stattdessen wird der Druck über einen Handhebel von der bedienenden Person erzeugt. Hochwertigere Maschinen verfügen über eine Anzeige, an der der erzeugte Druck abgelesen werden kann, denn die größte Herausforderung bei diesen Geräten ist – abgesehen von einem kurzen morgendlichen Armmuskeltraining – die Erzeugung eines konstanten Drucks. Da der Druck aber mit einer Handhebelmaschine nur schwer konstant aufrechterhalten werden kann, kann das Kaffeemachen auf

diesem Weg in der Wiederholbarkeit frustrierend sein. Kleinere Schwankungen sorgen nicht gleich dafür, dass ein Espresso ungenießbar wird. Aber ausgezeichnete Espressi lassen sich nur sehr schwer wiederholen bzw. erfordern sehr viel Erfahrung.

Es gibt andere manuelle Maschinen, die ohne Hebel auskommen und bei denen Ihre Körperkraft durch einen anderen Mechanismus in Brühdruck umgewandelt wird – was ohne Hebelkraft allerdings sehr anstrengend sein kann. Der Vorteil von Hebelmaschinen ist, dass sie ohne Pumpe auskommen und deshalb vergleichsweise günstig sind. Ein weiterer Vorteil bei vielen Geräten ist der handwerkliche Aspekt des Espressobezugs, bei dem Sie die volle Kontrolle über den Brühvorgang haben, ob nun zum Guten oder Schlechten. Durch die Bedienung des Hebels entsteht ein Gefühl der echten Handarbeit, was die Zubereitung eines Espresso zu einem ganz persönlichen Ritual machen kann. Seien Sie sich aber im Klaren darüber, dass Ihnen der Spaß daran auch vergehen kann und Sie zugunsten einer verlässlicheren Zubereitungsmethode vielleicht gern auf den täglichen Kraftakt verzichten wollen.

## 2. Federunterstützte Handhebelmaschinen

Federunterstützte Handhebelmaschinen sehen meist aus wie einfache manuelle Maschinen. Doch gibt es einen entscheidenden Unterschied. Der Kolben in der Brühgruppe, mit dem der Brühdruck erzeugt wird, um das Wasser durch den Kaffee zu drücken, wird mit einer starken Feder gespannt. Durch das Herunterdrücken des Hebels bewegt sich der Kolben nach oben. Dabei wird auch die Feder gespannt und der Brühwassereinlass geöffnet. Wird der Hebel wieder nach oben bewegt, wird der Wassereinlass geschlossen und durch die Feder Druck in der Brühkammer aufgebaut, mit dem das Wasser durch den Kaffeepuck fließen kann. Die erste echte Espressomaschine, die einen hohen Brühdruck erreichte, funktionierte nach diesem Prinzip.

Der Vorteil eines federunterstützten Kolbens ist, dass der Brühvorgang konsistenter wird. Die Feder dehnt sich vorhersehbar und wiederholbar, was bedeutet, dass diese Variable nur geringen Schwankungen unterliegt. Zum andern wird die von der gespannten Feder ausgeübte Kraft im Laufe des Brühvorgangs immer geringer, sodass ein einfaches Druckprofil entsteht, bei dem der Druck anfangs bei bis zu 12 Bar liegen kann und auf 3–4 Bar abfällt. (Er sinkt nicht weiter, weil die Feder im Gehäuse immer unter einer gewissen Spannung steht.)

Wie bei einfachen Handhebelmaschinen macht sich auch hier die simple Technik im günstigeren Preis bemerkbar. Allerdings muss auch hier bedacht werden, dass eine gewisse Muskelarbeit erforderlich ist und man kräftig drücken muss, um die Feder zu spannen, was für viele Personen einen echten Kraftakt bedeuten kann. Außerdem besteht ein geringes Risiko, den Hebel nicht ganz nach unten zu drücken. Wird der Hebel nämlich zu früh losgelassen, also bevor die Brühkammer mit ausreichend Wasser gefüllt bzw. beim Rückspülen des Brühkopfes ein Widerstand zu spüren ist, kann er mit Wucht nach oben schnellen … und dann sollte das Gesicht der bedienenden Person möglichst nicht im Weg sein; es gibt zahlreiche Berichte über recht schmerzhafte Begegnungen mit dem Hebel. Die sichere Bedienung von Handhebelmaschinen ist eigentlich recht einfach, dennoch sollte man immer konzentriert bei der Sache sein.

### 3. Vibrationspumpen

Die gängigste Art der elektrischen Druckerzeugung erfolgt durch kompakte, günstige Vibrationspumpen, die auch höheren Druck erzeugen können als für die Espressozubereitung erforderlich. Genau dieses „Fähigkeit“ ist auch der Grund, weshalb Geräte mit Vibrationspumpe gelegentlich für Frust sorgen.

Auf der Verpackung bzw. im Handbuch vieler Haushaltsespressomaschinen ist zu lesen, dass das Gerät einen Druck von 15 Bar oder mehr erzeugen kann. Bei einer Anwendung, für die lediglich 9 Bar erforderlich sind, ist das eigentlich keine gute Werbung. Deshalb gibt es bei besseren Geräten ein kleines mechanisches Überdruckventil, durch welches zur Regulierung des Brühdrucks möglicher Überdruck abgelassen wird. Wenn die Vibrationspumpe also 12 Bar erzeugt und das Überdruckventil auf 9 Bar eingestellt ist, wird der überschüssige Druck zurück in den Wasserkessel geleitet. Allerdings sind diese Ventile aus verschiedenen Gründen selten korrekt eingestellt. Mag sein, dass die Hersteller es für unnötig halten, mag aber auch sein, dass davon ausgegangen wird, dass der Verbraucher gröber vorgemahlenen Kaffee verwendet. In diesem Fall müsste das Ergebnis eigentlich schrecklich schmecken. Aber in Verbindung mit speziellen Brühsieben, die den Druck begrenzen, kann der Bezug so weit verbessert werden, dass der Espresso zumindest ganz passabel schmeckt.

Wenn Sie das Beste aus einer Maschine mit Vibrationspumpe herausholen wollen, lohnt es sich, im Vorfeld mehr darüber in Erfahrung zu bringen, welche Voreinstellungen andere Benutzer an ihren Geräten vorgefunden haben. Bei hochwertigeren, teureren Maschinen ist das Überdruckventil in der Regel präziser eingestellt bzw. es lässt sich relativ leicht selbst ändern. In einigen Fällen ist der Aufwand dafür sogar recht gering. Allerdings muss das Gerät dafür geöffnet werden, was zum Erlöschen der Garantie führen kann.

Ein letzter erwähnenswerter Aspekt von Vibrationspumpen ist der Geräuschpegel. Der Druckaufbau ist nicht gerade leise und das Geräusch eher unangenehm. Danach arbeiten die Geräte im Allgemeinen wieder leiser. Wenn Sie (oder andere Personen in Ihrem Haushalt) gern auf Krach am frühen Morgen verzichten können, sollten Sie vielleicht andere Optionen in Betracht ziehen.

### 4. Rotationspumpen

In den meisten gewerblichen Espressomaschinen sind Rotationspumpen verbaut, die nicht nur leiser, sondern auch auf eine längere Betriebsdauer ausgelegt sind. Der Nachteil dieser Systeme ist, dass der Pumpenkopf motorbetrieben ist und diese Motoren in der Regel ziemlich groß sind. Einige Hersteller gewerblicher Maschinen sind sogar dazu übergegangen, die Rotationspumpe nicht mehr in das Gerät zu integrieren, sondern extern z. B. im Schrank unter dem Gerät, unterzubringen.

Natürlich gibt es auch kleinere, halb gewerbliche Espressomaschinen mit weniger großen Motoren, bei denen sich der gewünschte Pumpendruck relativ einfach einstellen lässt. Rotationspumpen sind ein erheblicher Kostenfaktor für Espressomaschinen und produzieren dabei nicht mal „besseren" Druck als andere Pumpen. Allerdings lassen sich damit sehr konstante, wiederholbare Ergebnisse erzielen, weshalb sie sich gut für den gewerblichen Bereich eignen. Geräte mit Rotationspumpe erfordern allerdings wirklich viel Platz in Ihrer (Kaffee-)Küche.

### DRUCKPROFIL

Ein Druckprofil wird in einer Espressomaschine auf unterschiedliche Weise erzeugt, wobei Technologien wie Vibrationspumpen nicht unüblich sind. Bei gewerblich genutzten Geräten kommen auch Getriebepumpen zur Erzeugung variierender Druckstufen zum Einsatz, deren Leistung und Druckaufbau über Spannungsveränderungen gesteuert werden. In anderen Fällen wird der Druck mittels eines Überdruckventils effektiv reguliert, durch das überschüssiger Druck aus dem System abgeleitet wird.

Maschinen mit Druckprofilierung sind oft teurer und nicht selten auch komplexer beim Dialling-in und in der Bedienung. Einige bieten den zusätzlichen Vorteil, dass sich der Druck während des Extraktionsvorgangs regulieren bzw. variieren lässt. Ausführlichere Informationen dazu, siehe „Brühtemperaturen und Pumpendruck", Seiten 161–163.

# Wie wird das Wasser erhitzt

**Seit gut 20 Jahren liegt einer der Schwerpunkte der Espresso-Brühtechnologie auf der Erzeugung der geeigneten Brühtemperatur.**

Es gab starke Bestrebungen, ein konstanteres Temperaturprofil zu erzeugen, sodass das durch das Kaffeebett laufende Brühwasser innerhalb eines sehr engen Temperaturbereichs bleibt. Dazu musste die Heiztechnologie verbessert werden, mit dem Ergebnis, dass heute viele Maschinen sehr konstante Brühtemperaturen erzeugen.

Meine Priorität für einen guten Espresso liegt nicht auf einer absolut konstanten Brühtemperatur, sondern auf einer wiederholbaren. Natürlich hat die Brühtemperatur Einfluss auf das Kaffeearoma und schwankende Temperaturen sorgen dafür, dass sich der Espresso nicht jedes Mal so reproduzieren lässt, wie Sie ihn am liebsten mögen. Wenn die Maschine aber einem Temperaturprofil folgt – z. B. sehr heiß am Anfang und gegen Ende etwas abfallend –, ist das kein Drama, sofern das Profil konsequent bei jedem Brühvorgang eingehalten wird.

Geräte für den Privathaushalt sind durch ihre Bauweise und die Stromversorgung beschränkt. In vielen Maschinen lässt sich das Wasser zwar effizient erhitzen, aber die Menge, die auf die gewünschte Temperatur erhitzt werden kann, ist durch die Wattleistung des Heizelements beschränkt, die wiederum von der maximalen Leistung der Steckdose abhängt.

Wie das Wasser in einer Espressomaschine erhitzt wird, wirkt sich nicht nur ganz erheblich auf den Preis aus – häufig ist das Heizelement die teuerste Technologie im Gerät –, sondern auch auf die Steuerung der Brühtemperatur und das Temperaturprofil.

### Thermoblock

Geräte im unteren Preissegment beruhen oft auf der Thermoblocktechnologie, für die das Prinzip eines Durchlauferhitzers genutzt wird. Dabei ist in einem Aluminiumblock ein schneckenartig geformtes Rohr integriert, an dem ein Heizstab entlangführt. Das kalte Wasser wird durch das Rohr geleitet und dabei vom Heizstab auf die gewünschte Temperatur erhitzt. Thermoblöcke sind eine kostengünstige Lösung, an der grundsätzlich nichts auszusetzen, deren Leistung aber begrenzt ist.

Die Endtemperatur wird durch die Konstruktion des Thermoblocks, die Wattleistung und die Durchlaufgeschwindigkeit des Wassers beeinflusst. Wenn zum Rückspülen des Brühkopfes ohne eingesetzten Siebträger viel kaltes Wasser schnell durchgeleitet wird, kühlt das System sehr schnell ab. Hingegen kann Wasser, das über längere Zeit im Thermoblock bleibt, zu heiß werden. Die Temperatursteuerung gerät also zum Balanceakt (auch

**Sage Dual Boiler**

Gaggia Classic

Victoria Arduino Prima

Temperatursurfing genannt), bei dem das Gerät zum Abkühlen zwar mit Wasser gespült werden sollte, aber eben nicht zu stark.

In der Regel dient der Thermoblock auch zur Dampferzeugung. In diesen Fällen gibt es einen Schalter am Gerät, um den Thermostat auf die notwendige höhere Temperatur umzustellen. Die Maschine kann also entweder für den Epressobezug oder zum Aufschäumen von Milch genutzt werden, aber nicht gleichzeitig.

Bei Geräten im unteren Preissegment ist diese Technik nicht gut abgestimmt; die Steuerung der Brühtemperatur ist aufwendiger und nicht so einfach wiederholbar. Gute Ergebnisse sind möglich, erfordern aber etwas Aufwand.

### Einkreiser

Einkreismaschinen funktionieren in vielerlei Hinsicht ähnlich wie Thermoblockgeräte. Allerdings fließt hier das Wasser nicht durch einen Metallblock, sondern wird in einem größeren Kessel erhitzt und auf einer bestimmten Temperatur gehalten.

Wie Thermoblockmaschinen können sie entweder Brühwasser oder Dampf zum Milchschäumen bereitstellen, aber nicht beides. Der Vorteil dieser Maschinen ist, dass der Espressobezug in der Regel konstanter und reproduzierbarer ist und nicht ganz so starken Schwankungen unterliegt wie bei günstigen Thermoblockgeräten.

### Zweikreiser

Die wohl am häufigsten genutzte Technologie bei höherwertigen Geräten für den privaten wie gewerblichen Gebrauch sind zweikreisige Espressomaschinen. Sie verfügen über einen Kessel mit zwei Wasserkreisläufen, sodass gleichzeitig Espresso gebrüht und Milch aufgeschäumt werden kann. Dafür wird das Wasser in einem Kessel auf eine hohe, für die Dampfbildung ideale Temperatur erhitzt. Im Kessel befindet sich zudem ein Wärmetauscher in Form eines Rohres, durch das kaltes Frischwasser bis zur Brühgruppe gepumpt und dabei auf die perfekte Temperatur für den Espressobezug erhitzt wird. Wie bei Thermoblockgeräten wird der Grad der Erhitzung des Frischwassers durch seine Durchflussgeschwindigkeit bestimmt.
In vielen Zweikreisern ist deshalb auch ein sogenannter Thermosiphon verbaut. Dabei fließt das Wasser vom Wärmetauscher zum Brühkopf und zurück bis zum Wärmeaustauscher. Da heißeres Wasser eine geringere Dichte hat, steigt es im System auf und bewirkt eine Umwälzung, wodurch das Wasser ständig zirkuliert und so zur Aufrechterhaltung der Temperatur im Brühkopf beiträgt, der sonst kalt werden und die Kaffeezubereitung beeinträchtigen würde.

Die Entwicklung dieser weitverbreiteten Heiztechnik war echte Pionierarbeit und wurde vor allem durch die E61-Brühgruppe des Herstellers Faema bekannt. Das E steht für „Eclisse“ und bezieht sich auf die Sonnenfinsternis, die im Jahr der Markteinführung 1961 zu beobachten war. Die E61-Brühgruppe wird bis heute in sehr vielen Geräten verbaut, wenngleich mittlerweile auch andere Wärmetauschsysteme und -technologien im Einsatz sind.

Noch erzeugen die meisten Zweikreiser keine flachen Temperaturprofile, aber durch Temperatursurfing lässt sich auch aus diesen Geräten das Beste herausholen. Zunehmend verfügen sie aber über eine Temperaturregulierung, die als günstigere Option ein einfacher mechanischer Thermostat ist, der sich eher schwierig einstellen lässt und mit einem Schraubenzieher justiert werden muss. Die zweite, immer beliebtere Option ist eine digitale PID-Steuerung (Proportional-Integral-Derivative), bei der die Temperatur des Brühwassers von einem Prozessor reguliert wird. Dabei wird häufig die Temperatur im Kessel eingestellt, sodass eine gewisse Umwälzung erforderlich ist. Um 93 °C heißes Brühwasser zu erzeugen, muss die Temperatur im Kessel dann eventuell auf 120 °C eingestellt werden. Oft werden von Herstellerseite Informationen bereitgestellt, welche Kesseltemperatur für die gewünschte Brühtemperatur erforderlich ist. Wenn diese fehlen, empfehle ich eine kleine Onlinerecherche zum entsprechenden Modell in Kaffeeforen.

### Dualboiler

Das Aufkommen von Dualboilern in der Gastronomie hat leider nicht automatisch zu besserem Espresso geführt, sondern eher zu größeren Milchgetränken. Als sich Espresso nach dem amerikanisierten Fast-Food-Modell auf der ganzen Welt verbreitete und Cappuccino und Latte in immer größeren Tassen/Gläsern serviert wurden, brauchten Gastrobetriebe wesentlich mehr Dampf zur Herstellung solcher Getränke. Zweikreiser waren und sind für den traditionellen italienischen Espresso konstruiert und können kleinere Mengen Milch aufschäumen. Wenn aber die Temperatur im Kessel erhöht wird, damit die Dampfproduktion mit der höheren Nachfrage nach Milchschaum Schritt halten kann, erhöht sich auch die Brühtemperatur – was der Qualität des Espresso nicht unbedingt guttut.

Die Lösung für dieses Problem waren Geräte mit zwei getrennten Kesseln. Und auch für den passionierten Espressotrinker eröffneten sich dabei neue Möglichkeiten. Dualboiler haben einen Kessel zur Dampferzeugung sowie mindestens einen Kessel, in dem das Wasser auf die gewünschte, niedrigere Brühtemperatur erhitzt wird. Die getrennte Aufbereitung des Wassers ermöglicht eine wesentlich bessere Regulierung der Brühtemperatur, die mittlerweile durch digitale PID-Steuerung noch präziser ist.

Dualboiler sind vor allem für den gewerblichen Gebrauch bestimmt und aufgrund der aufwendigen Technik, der Kessel und der Elektronik sehr teuer und groß. Die Geräte liefern in der Regel überaus konstante Brühtemperaturen, da das Wasser in den Kesseln auf einer bestimmten Temperatur gehalten wird.

# Brühvorgang steuern

**Viele wollen die Steuerung des Brühvorgangs nicht der Maschine überlassen, sondern selber die Kontrolle darüber haben.**

Andere haben nichts dagegen, wenn sie etwas Unterstützung von ihrer Espressomaschine bekommen, um die Konsistenz des Brühvorgangs zu gewährleisten. Bei einigen Maschinen lässt sich beispielsweise die Flüssigkeitsmenge durch Betätigen einer Taste regulieren.

### Manuelle Steuerung

Die günstigste Option sind Geräte ohne jedwede Regulierung der Brühwassermenge. Es gibt eine Taste zum Ein- und Ausschalten der Pumpe und es liegt an Ihnen zu bestimmen, wann sie gestoppt wird. Billigere Maschinen bieten überhaupt keine Kontrollmöglichkeit, während andere zumindest eine Art Stoppuhr haben, die eine Vorstellung über die Dauer des Espressobezugs vermittelt.

### Zeitsteuerung

Hierbei handelt es sich um eine eher seltene Kontrollfunktion, und das hat vermutlich auch einen guten Grund. Das Gerät kann so programmiert werden, dass sich die Pumpe beispielsweise nach 30 Sekunden automatisch abschaltet. Aufgrund des Brühverfahrens und durch Änderungen bei der Dosierung, beim Mahlgrad oder der Puckzubereitung kann es aber zu großen Abweichungen in der Flüssigkeitsmenge kommen, die in dieser festgelegten Zeit durch das Kaffeebett fließt. Sie können die festgelegte Brühzeit als Konstante betrachten und Dosis und Mahlgrad so lange verändern, bis der angestrebte Espressobezug erreicht ist – ein eher intuitiver Ansatz. Der Vorteil der Zeitsteuerung ist, dass sie eine einfache, preisgünstige Kontrollfunktion darstellt, ohne dass zusätzliche Gerätekomponenten erforderlich sind.

### Volumensteuerung

Hierbei handelt es sich vermutlich um die geläufigste Steuerungsmethode bei gewerblichen Geräten. Bei Geräten für den Privatgebrauch lohnt sich der Preisaufschlag für diese Funktion allerdings nicht. Bei dieser Technologie kommt ein Durchflussmesser zum Einsatz, den man sich wie ein kleines Wasserrad mit einem Magneten an einer Speiche vorstellen kann. Wenn das durchfließende Wasser das Rad bewegt, werden die Umdrehungen von einem Magnetdetektor gemessen und der Brühvorgang nach einer bestimmten Anzahl von Umdrehungen gestoppt.

Dieses Prinzip funktioniert recht gut. Hochpräzise Durchflussmesser allerdings sind sehr teuer, sodass es bei den meisten Geräten zu einer gewissen Abweichung kommt. Außerdem wird nicht gemessen, wie viel Wasser durch

MANUAL

den Puck und in die Tasse gelangt, sondern wie viel Wasser in den Brühkopf geleitet wird.

Zur Programmierung des Geräts muss normalerweise eine Portion manuell gebrüht werden, wobei die Bezugsdauer gespeichert und reproduziert wird. Bei den meisten Geräten wird die Menge in Milliliter angegeben, seltener, weil zu abstrakt, die Umdrehungen des Durchflussmessers.

### Steuerung nach Gewicht

Mit dieser Technik lässt sich der Bezug am genauesten und sehr gut reproduzierbar steuern, weil sich dabei die Bezugsdauer nach der programmierten Flüssigkeitsmenge in der Tasse richtet und sich das Gerät danach automatisch abschaltet. Allerdings ist diese Technik recht teuer. Außerdem gilt zu beachten, dass die Tasse auf einer Waage steht. Wenn Sie die Tasse während des Bezugs bewegen, kann die Waage nicht zwischen dieser Bewegung und der in die Tasse fließenden Flüssigkeitsmenge unterscheiden. Sobald der Brühvorgang begonnen hat, sollte die Tasse also tunlichst nicht mehr berührt werden.

Dieses Steuerungstool gehört derzeit zu den neuesten Technologien und wohl auch zu den teuersten. Einige Maschinen können über Bluetooth mit Digitalwaagen kommunizieren, aber das ist noch relativ selten. Für eine leichtere Steuerung ist dies sehr wünschenswert, aber vielleicht nicht für jeden finanziell machbar.

### Und sonst ...

**Milch schäumen:** Die Art der Wassererhitzung hat auch Einfluss auf die Dampferzeugung zum Milchschäumen. Thermoblockgeräte oder Einkreiser (siehe Seiten 173–176) müssen in den Dampfmodus geschaltet werden, damit das Wasser heiß genug wird, um Dampf zu erzeugen. Das bedeutet, dass nicht gleichzeitig Kaffee gebrüht und Milch geschäumt werden kann. Bei vielen Geräten ist der Dampfdruck relativ gering, was das Schäumen etwas schwieriger macht.

Die meisten Espressomaschinen haben eine standardisierte Dampflanze mit einem Düsenkopf aus Metall mit einem bis vier Löchern. Einige Hersteller haben jedoch eigene Lösungen zum Milchschäumen entwickelt. Meist handelt es sich um Kunststoffaufsätze, mit denen Luft in die Milch gebracht wird, ohne dass die bedienende Person viel tun oder denken muss. Die Qualität der Aufsätze schwankt von sehr schlecht bis gut und die meisten lassen sich nur eher mühsam reinigen. Ich würde von solchen Modellen abraten. Wenn Sie bereits eines haben, kann ich nur empfehlen, den Anweisungen des Herstellers zu folgen.

In letzter Zeit sind auch einige Geräte mit automatischer Dampflanze auf den Markt gekommen, die wie normale Lanzen aussehen, aber zu ganz erstaunlichen Ergebnissen führen. Wenn Sie sich nicht groß damit aufhalten wollen, wie man Milch richtig schäumt, würde ich diese Geräte als Alternative empfehlen.

Aber auch mit Standard-Dampflanzen lässt sich Milchschaum mit einer tollen Textur erzeugen. Allerdings gibt es Unterschiede, wie schnell und wie einfach eine gute Textur gelingt. (Mehr über das Aufschäumen von Milch, siehe Seite 190).

**Siebträgergröße**: Die Größe des Siebträgers bzw. der Brühsiebe ist ein Kriterium für die Aufrüstbarkeit des Geräts – und so auch darauf, wie lange Sie mit der Maschine zufrieden sind, bevor Sie sich etwas Neueres, Schickeres zulegen wollen.

Die gängigste Siebträgergröße liegt bei 58 mm. Das bedeutet, dass die Auswahl an Zubehör hier besonders groß ist, egal ob es nun um Tamper, Brühsiebe oder Ersatzteile geht. Andere gängige Größen sind 57, 54, 53 und 51 mm, mit denen sich natürlich ebenfalls tolle Ergebnisse erzielen lassen. Daher möchte ich niemanden vom Kauf einer Maschine mit einer anderen Trägergröße abhalten. Dennoch sollten Sie sich im Klaren darüber sein, was das für den Kauf von Zubehör und Ersatzteilen bedeuten kann.

**Smart-Funktionen/Bluetooth-Fähigkeit:** In der Küche sind smarte Geräte meist eine Zeit- und Geldverschwendung und ich begegne ihnen deshalb mit einer gewissen Zurückhaltung. Das soll nicht heißen, dass es keine internetfähigen Geräte gibt, die gut gemacht sowie robust und nutzerfreundlich sind – allerdings stellen sie eher eine Seltenheit dar. Ein nützliches smartes Feature bei einer Kaffeemaschine ist vielleicht eine eingebaute Uhr und eine Einschaltautomatik. Die meisten Espressomaschinen brauchen eine Vorheizzeit von 20 Minuten oder länger. Wenn diese Funktionen nicht vorhanden sind, ist das allerdings auch kein Beinbruch; ein einfacher Timer bzw. eine Zeitschaltuhr reicht in der Regel aus, um das Problem zu lösen.

# Espresso brühen

**Nun soll es endlich um die eigentliche Espressozubereitung gehen, für die ich Ihnen nicht nur eine ausführliche Beschreibung der konkreten Zubereitungsschritte an die Hand geben will, sondern Sie auch mit allgemeineren Hinweisen versorgen möchte.**

Auf den ersten Blick mag dieser Abschnitt wie eine unnötige Verkomplizierung der Espressozubereitung erscheinen, doch will ich damit genau das Gegenteil erreichen. Ich möchte mit ein paar althergebrachten Ritualen, die der Espressozubereitung anhaften, aufräumen und ein paar Dinge erklären, die für die Tassenqualität wirklich wichtig sind.

Mein Ziel ist es, mit möglichst geringem Aufwand und ohne Hexerei den bestmöglichen Espresso zu erhalten.

Ich habe meine Anleitung in vier Hauptschritte unterteilt, die in chronologischer Reihenfolge beschreiben, wie ein guter Espresso entsteht: Dosieren und Mahlen, Verteilen, Tampern und schließlich die Extraktion.

Ich gehe davon aus, dass Sie die vorherigen Abschnitte dieses Kapitels gelesen haben, insbesondere „Das Espressoprinzip“, Seiten 148–153, und „Mahlgrad einstellen“, Seiten 158–159, bevor Sie sich mit den folgenden Seiten beschäftigen.

## 1. DOSIEREN UND MAHLEN

Zunächst muss festgelegt werden, wie viel Kaffee gemahlen werden soll. Für ein Brühsieb für zwei Portionen liegt die Dosis zwischen 14 und 22 g. Präzisionssiebe haben eine empfohlene Füllmenge und ich würde nicht mehr als 1 g davon abweichen. Bei einer zu großen Dosis können die Bohnen nicht fein genug gemahlen werden, um eine gute Extraktion zu erreichen; bei einer zu geringen Füllmenge wird der Espresso zwar gut, aber der Puck löst sich nach dem Bezug nicht kompakt aus dem Sieb, was die Reinigung etwas aufwendiger macht.

Wie die Füllmenge reguliert werden kann, hängt von der Kaffeemühle ab. Allgemein rate ich zu Mühlen, in denen auch Einzeldosen sauber und vollständig vermahlen werden können. Es gibt aber auch Mühlen mit programmierbarer Dosierfunktion, die das Mahlgut entweder nach Zeit oder nach Gewicht messen.

Bei einer Mühle mit Einzeldosierung sollten die Bohnen vor dem Mahlen gewogen werden. Wenn das Mahlwerk zu statischer Aufladung neigt, kann man die Bohnen mithilfe eines Zerstäubers mit ein wenig Wasser besprühen. So lässt sich die statische Aufladung beim Mahlen erheblich reduzieren.

Die Füllmenge kann nach dem Mahlen noch einmal gewogen werden. Wenn jedes Mal dieselbe kleine Menge Kaffeepulver im Mahlwerk hängen bleibt, müssen Sie sich langfristig keine Gedanken darüber machen. Bei vielen Mühlen lohnt es sich aber, das Gewicht jedes Mal zu prüfen. Bei einer Mühle mit Dosierfunktion würde ich die Menge jedes Mal wiegen.

**1** Die Kaffeebohnen wiegen.

**2** Zur Vermeidung einer statischen Aufladung die Bohnen mit ein wenig Wasser besprühen.

**3** Es empfiehlt sich, auch den gemahlenen Kaffee zu wiegen.

## 2. VERTEILEN

Abgesehen vom richtigen Mahlgrad für eine bestimmte Dosis ist das Verteilen des Kaffeepulvers der wohl wichtigste Vorbereitungsschritt. Die Gleichmäßigkeit der Extraktion und damit der Geschmack des bezogenen Espresso hängt wesentlich auch von der Verteilung ab.

Bei den meisten Mühlen ist es von Vorteil, wenn das Mahlgut nicht direkt in den Siebträger gemahlen wird, auch wenn viele eine entsprechende Vorrichtung haben. In einen Dosierbecher zu mahlen, das Mahlgut zu schütteln und dann in den Siebträger umzufüllen ist hilfreich, um Klumpen aufzulösen.

Alternativ können Klümpchen auch mit der WDT (Weiss Distribution Technique) und einem entsprechenden Werkzeug direkt im Einsatz aufgelöst werden. Die kleinen Geräte sind im Handel erhältlich. Man kann sie aber auch in 3-D drucken oder aus einem Weinkorken mit ein paar Reinigungsnadeln für 3-D-Drucker selbst herstellen. Damit können nicht nur Klümpchen aufgelöst werden, auch der gemahlene Kaffee lässt sich damit gleichmäßig verteilen.

Es gibt auch spezielle Kaffeeverteiler mit kleinen Flügeln, die man auf den Korb setzt und dreht, die mich aber nicht überzeugen, da sie eher auf das obere Drittel und nicht den gesamten Puck einwirken. Ich erziele mit WDT-Tools bessere und recht konstante Ergebnisse. Wenn Sie einen Vorteil in einem rotierenden Verteilwerkzeug sehen, bleiben Sie ruhig dabei. Wenn Sie aber die Wahl haben, würde ich zur effektiveren (und oft preiswerteren) Option raten.

**1** Die Verteilung des Kaffeepulvers im Siebträger ist nicht immer gleichmäßig.

**2** Mit einem WDT-Werkzeug lassen sich Klümpchen aufbrechen.

**3** Das Kaffeepulver sollte möglichst gleichmäßig im Siebträger verteilt sein.

## 3. TAMPERN

Früher wurde dem Verdichten des Kaffeebetts eine übergroße Bedeutung beigemessen. Ziel dabei ist, so viel Luft wie möglich aus dem Kaffeebett zu drücken und sicherzustellen, dass es gleichmäßig und eben ist. So betrachtet, erfüllt das Tampern zwei Funktionen und man hat es entweder gut gemacht oder nicht; man hat fest genug gedrückt, damit der Puck maximal verdichtet ist, oder eben nicht. Aber wie fest ist fest genug? Es gibt verschiedene Empfehlungen, beispielsweise ein Anpressdruck von 15 kg, der durchaus als geeignet scheint. Aber wie viel sind 15 kg Anpressdruck, wenn man nicht gerade eine Personenwaage auf die Arbeitsplatte stellen will? Ich wage zu bezweifeln, dass sich der Aufwand lohnt. Meine leicht vereinfachte Methode ist es, so lange zu drücken, bis sich der Kaffee nicht mehr weich anfühlt. Das funktioniert ziemlich gut.

Für viele Espressoneulinge kann es verlockend sein, das Tampern für eine schwankende Espressoqualität verantwortlich zu machen. Aber die Ursache liegt eher irgendwo anders. Das bedeutet nicht, dass das Verdichten nie die Fehlerquelle beim Espressobezug sein kann. Das Wichtigste ist, einen Tamper zu nutzen, der exakt in den Siebträgereinsatz passt. Die meisten Hersteller von Siebträgern und Präzisionsbrühsieben geben genaue Größenempfehlungen für den idealen Tamperdurchmesser.

**1** Darauf achten, dass der Tamper exakt in den Siebträger passt. Das Kaffeebett so lange verdichten, bis es sich fest anfühlt.

**2** Mit dem Finger prüfen, ob der Kaffeepuck flach und eben ist.

Achten Sie außerdem darauf, dass der Tamper gut in der Hand liegt. Er sollte ähnlich wie ein Türknauf gehalten werden und beim Verdichten sollte Ihr Ellbogen in einer Linie mit dem Handgelenk sein. So können Sie Kraft ausüben, ohne sich Handgelenksschäden zuzuziehen – ein echtes Risiko, vor allem für Profibaristas. Stellen Sie sich vor, Sie hielten einen Schraubendreher, um eine Schraube aus oder in eine waagerechte Fläche zu drehen (nur ohne zu drehen!).

Wenn der Puck ausreichend verdichtet ist, können Sie mit dem Finger am Rand des Einsatzes über die Oberfläche des Kaffeebetts streichen, um zu prüfen, ob der Puck flach und gleichmäßig ist, und gegebenenfalls nacharbeiten. Es ist wirklich wichtig, dass das Kaffeebett eben ist, damit das Wasser gleichmäßig hindurchfließen kann. Manche Leute drehen den Tamper beim Verdichten auch hin und her. Auch ich habe früh diese dumme Angewohnheit übernommen und es ist schwierig, sie wieder loszuwerden. Vermeiden Sie also diesen weiteren, überflüssigen Schritt, er bringt keinen Nutzen! Unser Ziel ist schließlich der einfachste, leichteste Weg zu einem guten Espresso.

Achten Sie vor dem nächsten Schritt darauf, dass kein loses Kaffeepulver auf dem Rand des Siebträgers liegt.

## 4. EXTRAKTION

Bei vielen Maschinen kann es von Vorteil sein, wenn die Brühgruppe vor dem Einspannen des Siebträgers gespült wird. Bei Gastromaschinen geschieht dies, um etwaige Kaffeereste vom vorherigen Bezug vom Duschsieb zu entfernen. Aber vielleicht ist Ihr Duschsieb ja auch sauber. In diesem Fall kann die Spülung zur Stabilisierung der Brühtemperatur beitragen. Manche Geräte können heiß laufen und werden durch die Spülung etwas abgekühlt; bei anderen Geräten ist es umgekehrt. Diese Form des Temperatursurfens ist aufgrund besserer Heiztechnologien immer seltener notwendig. Es ist lästig und verschwendet sowohl Wasser als auch Energie, und zu wissen, wie lang gespült werden muss, um die gewünschte Brühtemperatur zu erreichen, erfordert Zeit, Übung und vielleicht auch ein Temperaturmessgerät.

Im Idealfall sollte der gefüllte Siebträger vor dem Bezug nicht unnötig lang im Brühkopf eingespannt sein, weil der Puck dort heiß wird und damit auch die Gesamttemperatur des Brühvorgangs, was zu einem bitteren Geschmack führen kann. Realistisch gesehen haben Sie 20–30 Sekunden Zeit. Das Wichtigste aber ist, eine gewisse Routine zu etablieren bzw. beizubehalten. Am besten sollten Sie den Brühvorgang möglichst gleich, nachdem der Siebträger in den Brühkopf eingerastet ist, starten.

Halten Sie Ihre Kaffeewaage bereit. Bei den meisten Maschinen vergehen 5–10 Sekunden vom Drücken der Starttaste bis zur Extraktion. Es bleibt also Zeit, um die Waage auf die Auffangschale zu stellen, die Tasse zu platzieren und die Waage auf Null zu stellen. Allerdings sollte die Kaffeezubereitung Spaß machen und nicht in Stress ausarten. Es macht die Sache wesentlich entspannter, wenn Sie alles vorbereitet haben, bevor der Brühvorgang startet.

Ein integrierter Timer ist eine tolle Sache. Ansonsten gibt es Waagen mit Timer oder nutzen Sie einfach den Timer Ihres Smartphones. Die Aufzeichnung der Brühzeit ist nützlich, und zwar ab dem Drücken der Starttaste. Jetzt beginnt die wirkliche Brühzeit: der Moment, in dem das Wasser in Kontakt mit dem Kaffeepuck kommt. Manchmal wird empfohlen, die Zeit erst zu messen, wenn der Kaffee in die Tasse läuft. Aber ich rate dringend, die Brühdauer ab dem Drücken der Starttaste zu bestimmen. Allgemein wird für einen traditionellen Espresso eine Brühzeit von 25–35 Sekunden empfohlen; es gibt auch viele ausgezeichnete Espressorezepte mit einer kürzeren oder mit einer längeren Brühzeit. Machen Sie sich am besten erst einmal mit einem Rezept vertraut, bevor Sie mit den Variablen zu spielen beginnen.

Einige Geräte haben eine automatische Steuerung und schalten sich nach einer gewissen Zeit, nach einer bestimmten abgepumpten Wassermenge oder, noch selten, nach dem Gewicht der Flüssigkeit in der Tasse ab (siehe Seiten 178–180). Die meisten Maschinen aber müssen manuell gestoppt werden. Wird eine Waage benutzt, empfehle ich bei den meisten Modellen, die Espressomaschine etwa 2 g vor dem Zielgewicht abzuschalten, da immer noch etwas Espresso nachtropft. Zudem wiegen präzisere Waagen mit einer gewissen Verzögerung. Nach ein paar Bezügen bekommen Sie ein Gespür

dafür, wann Sie das Gerät anhalten müssen, um das gewünschte Gewicht zu erhalten.

Bei einem bodenlosen Siebträger lässt sich die Extraktion gut beobachten und eventuelles Channelling erkennen. Manchmal ist die Flüssigkeit in einem Bereich heller und im schlimmsten Fall sehen Sie, wie ein kleiner Kaffeestrahl schräg herausspritzt, was auf einen üblen Kanal schließen lässt. Bei einem Siebträger mit Auslauf ist es schwieriger zu sehen, es sei denn, die Dinge laufen wirklich schief und der gebrühte Espresso sieht extrem wässrig aus.

Ein bodenloser Siebträger lässt sich außerdem besser reinigen, hat aber auch Nachteile. Erstens kann man keine zwei einzelnen Espressi herstellen – und manchmal ist es einfach schön, zu teilen! Zweitens lassen sich bei jedem Bezug einige Fehler entdecken, die – wenn Sie perfektionistisch veranlagt sind – die Freude am Espressogenuss trüben können. Zur Diagnose ist ein bodenloser Siebträger fraglos ganz praktisch. Aber meist reicht es doch, das braune Gold einfach nur in die Tasse laufen zu sehen und sich nicht zu viele Gedanken über mögliche Fehler zu machen. Nach dem Bezug dürfen Sie Ihren Espresso sofort genießen, doch lohnt es sich, noch schnell den Kaffeepuck aus der Maschine zu entfernen, aus dem Sieb zu schlagen und das Sieb zu spülen. (Mehr über „Reinigung und Pflege“, siehe Seiten 214–218.)

# Milch schäumen

## In diesem Abschnitt soll es um das Milchschäumen in Theorie und Praxis gehen.

Ein Kaffeegetränk mit gut aufgeschäumter Milch, die dem Kaffee Süße und eine tolle Textur verleiht, ist ein echter Genuss. Guter, feiner Milchschaum wird auch als „Mikroschaum" bezeichnet, weil er aus Bläschen besteht, die so klein sind, dass man sie kaum erkennen kann. Je kleiner eine Blase, desto stabiler ist sie, weshalb ein Getränk mit Mikroschaum vom ersten bis zum letzten Schluck eine tolle Textur hat. Für eine leichtere Umsetzung der Milchschäumtechnik in die Praxis und um ohne großen Aufwand die gewünschte Textur zu erhalten bzw. Probleme zu erkennen und zu beheben, sollen zunächst die chemischen Prozesse, die dahinterstecken, beleuchtet werden.

### Warum Milch schäumt

Wissenschaftlich betrachtet, braucht es zur Schaumbildung – auch bei Milch und Pflanzendrinks – zwei Dinge: ein Verfahren, um Luft in die Flüssigkeit zu bringen, und einen Bestandteil der Flüssigkeit, der als Schaumbildner agiert und der die Luft in stabile Blasen einschließt. Bei Milch und den meisten Pflanzendrinks sind es Proteine.

Proteine bestehen aus Aminosäuren. Einige Aminosäuren haben Wasser abstoßende (hydrophobe) Seitenketten. Unter den meisten Bedingungen liegen diese Seiten einander gegenüber, weshalb Proteine oft eine spiralförmige Struktur haben. Wenn diese Proteine unter physikalischen Stress geraten, etwa durch Hitze oder mechanische Einwirkung (wie Quirlen), denaturieren sie so stark, dass die hydrophoben Ketten getrennt werden und sich an alles binden, das kein Wasser ist, in unserem Fall: Luft. Die denaturierten Proteine legen sich um die Luftblase herum, wobei sich die hydrophoben Teile nach innen um die Luft legen und die hydrophilen (Wasser anziehend) auf der Blasenaußenseite liegen. Ein solcher Proteinaufbau wird als „oberflächenaktives Mittel" oder „Tensid" bezeichnet.

Es ist Ihnen bestimmt schon mal passiert, dass Sie Eiweiß steif schlagen wollten, aber beim Eiertrennen etwas Eigelb hineingeraten ist. Dann wissen Sie, dass Fett die Schaumbildung negativ beeinflussen kann, da nun Fett und Luft um die Aufmerksamkeit der hydrophoben Proteinteile konkurrieren. Deshalb kann Fett die Schaumbildung hemmen oder zum schnelleren Schaumabbau führen.

Beim Aufschäumen von Milch für ein Getränk spielt der Fettgehalt eine doppelte Rolle. Magermilch nimmt Luft leichter auf und erzeugt einen stabileren Schaum als Vollmilch. Das heißt aber nicht, dass die Zubereitung eines

## MILCHFREIE ALTERNATIVEN

Allen, die auf Milch verzichten wollen oder müssen, steht mittlerweile eine sehr große Auswahl an pflanzlichen Alternativen zur Verfügung. In Kaffeebars war „Sojamilch" lange Zeit quasi der einzige Ersatz für Kuhmilch. In den letzten Jahren aber hat vor allem der Haferdrink einen enormen Aufschwung erlebt. Es gibt unzählige Hersteller, die hervorragende Produkte auf den Markt gebracht haben, und so lautet meine Empfehlung, sich für die Kaffeezubereitung nach speziell dafür geeigneten Produkten umzusehen. Viele milchfreie Alternativen sind für traditionellere Verwendungszwecke gedacht – für Müsli oder zum Kochen/Backen – und schmecken in der Regel nicht so gut im Kaffee oder lassen sich nicht so gut damit mischen. Etliche Hersteller haben mittlerweile auch für Kaffee besonders geeignete Baristavarianten im Sortiment, die wahlweise in Geschmack und Konsistenz näher an Milch herankommen oder sich einfach besser mit Kaffee mischen lassen. Probieren Sie ein paar Produkte aus, um entscheiden zu können, welches Ihrem persönlichen Geschmack am besten entspricht.

leckeren Getränks mit entrahmter Milch einfacher ist als mit Vollmilch. Viele Schaumschläger würden sogar das Gegenteil behaupten.

Fett hat außerdem Einfluss auf die Textur, verlangsamt die Freisetzung der Kaffeearomen und verringert ihre Intensität. Ein Cappuccino aus Magermilch hat ein intensiveres Kaffeearoma, das allerdings nicht lange anhält. Ein Vollmilch-Cappuccino schmeckt nicht so stark nach Kaffee, dafür aber sind die Aromen anhaltender.

Das Fett in tierischer Milch ist oft der Grund dafür, dass die Milch nicht gut schäumt, egal was man versucht, denn ein Großteil liegt in Form von Triglyzeriden vor – Fettmoleküle, die man sich ansatzweise als E vorstellen kann – mit einem Rückgrat aus Glyzerin, von dem drei Fettsäuren abstehen. Wenn so ein Triglyzerid denaturiert, bleiben drei freie Fettsäuren und etwas Glyzerin übrig. Glyzerin konkurriert stark mit Luft um die Aufmerksamkeit der Proteine und führt dazu, dass der Schaum schnell wieder zusammenfällt. Milch, bei der sich das Fett zersetzt hat, knistert als Schaum (deutlich zu hören, wenn das Milchkännchen nach dem Schäumen ans Ohr gehalten wird); die Mikroschaumbläschen schließen sich schnell zu größeren Blasen zusammen. Diese Milch schmeckt nicht unbedingt schlecht, aber ein toller Mikroschaum lässt sich mit ihr nicht erzeugen. Gründe dafür können das Tierfutter, häufiger aber eine unsachgemäße Lagerung der Milch sein – ich vermeide Milch

°C
°F

in Klarglasflaschen, da die Aufschäumbarkeit von Milch durch direkte Lichteinstrahlung schnell beeinträchtigt werden kann.

### Temperatur

Ein leidiges Thema in der Gastronomie sind Gäste, die sich darüber beschweren, dass das Kaffeegetränk nicht heiß genug ist – was nicht die Schuld des Baristas ist, sondern am Verhalten der Milch bei Erhitzung liegt: Sobald Milch über 68 °C erhitzt wird, denaturieren die Proteine irreversibel. Je heißer die Milch, desto stärker brechen die Proteine zusammen, führen zu einer schlechteren Textur und gehen neue Aromaverbindungen ein. Der sehr eigene Geruch von gekochter Milch entsteht zum Teil durch die Freisetzung von Schwefelwasserstoff beim Zerfall der Aminosäuren. Deshalb riecht sie wie gekochtes Ei bzw. erinnert manche sogar an erbrochene Milch von Säuglingen.

Für die Denaturierung sind zwei Faktoren verantwortlich: Temperatur und Zeit. Lässt man 60 °C heiße Milch wieder vollständig abkühlen und schäumt sie dann ein zweites Mal, ist auch bei niedrigeren Temperaturen der typische denaturierte Geruch und Geschmack wahrzunehmen. H-Milch wird zum Pasteurisieren viel höher erhitzt, allerdings nur 1–2 Sekunden, und dann rasch abgekühlt.

All dies bedeutet, dass es für gute Milchgetränke eine Temperaturobergrenze gibt. Manchen Menschen ist es wichtiger, dass ein Getränk richtig heiß ist, als dass es gut schmeckt. Aber die meisten sind glücklich mit einem nicht ganz so heißen Getränk, das süß schmeckt und eine angenehme Konsistenz hat – zumal es nicht besonders angenehm ist, eine 60 °C heiße Flüssigkeit zu trinken. Oft geht es wohl eher darum, dass man zu lang auf sein ersehntes Getränk warten muss, und nicht, ob das Getränk zu kalt ist.

Meiner Erfahrung nach wirkt sich die Temperatur auch auf Geschmack und Textur von Pflanzendrinks aus. Pflanzendrinks verhalten sich nicht ganz so wie Milch tierischen Ursprungs und der Geruch bei starker Erhitzung ist natürlich anders. Aber auch bei veganen Milchalternativen erfolgt eine Zersetzung der Proteine, die zu neuen Aromaverbindungen führt, und auch hier scheint die Textur bei höheren Temperaturen nicht sehr stabil zu sein.

Nicht nur hilfreich, sondern geradezu Voraussetzung für einen guten Mikroschaum ist es, dass kühlschrankkalte (etwa 4 °C) Milch (bzw. Pflanzendrink) verwendet wird. Sie lässt sich insgesamt wesentlich einfacher schäumen und führt zu einem besseren Ergebnis.

### Milchschäumtechnik

Milchschaum soll für ein leckeres Milchgetränk sorgen, mit natürlicher Süße und einer angenehmen Textur, die aus so kleinen Bläschen besteht, dass sie fast nicht zu erkennen sind. Dafür muss Folgendes passieren: Es muss

Luft in die Milch gelangen, es müssen sich stabile Blasen bilden und, vielleicht am wichtigsten, die Milch muss erhitzt werden.

Es ist hilfreich, sich diese Bedingungen als einzelne Aufgaben vorzustellen, die nacheinander ausgeführt werden sollten. Das kleine Problem bei Nutzung einer Dampflanze ist, dass die Milch parallel zu den anderen Aufgaben erhitzt wird. Immerhin lässt sich der Prozess in zwei Phasen unterteilen:

### Phase eins: Blasenbildung

In dieser sogenannten Ziehphase wird mithilfe von Dampf aus der Dampflanze Luft in die kühlschrankkalte Milch getrieben. Dafür wird nur der Lanzenkopf knapp unter der Oberfläche in die Milch gehalten. Das Einströmen des Dampfes ist zu sehen und zu hören: Die Milch dehnt sich im Kännchen aus und es ist ein schlürfendes, gurgelndes Geräusch zu hören.

Vor dem Schäumen legt man fest, wie viel Schaum erzeugt werden soll. Für einen traditionellen Cappuccino mit einer dicken, feinporigen Schaumschicht sollte in Phase eins mehr Luft eingearbeitet werden als für einen Flat White, der eine viel dünnere Mikroschaumschicht benötigt.

Genaue Angaben darüber, wie viel Luft in der Ziehphase in die Milch gebracht werden soll, lassen sich nur schwer machen. Ich würde sagen, dass eine Volumenerhöhung um 10–20 Prozent einen geeigneten Schaum für Caffè Latte, Flat White und auch für Latte Art – die dekorative Milchschaumkunst – ergibt. Für einen traditionellen Cappuccino ist eine Volumenerhöhung von 50–60 Prozent eine gute Richtlinie, mit der ein wunderbar dicker, feinporiger Schaum entsteht. Einen absoluten Standard für Milchgetränke gibt es nicht, schließlich besteht das Vergnügen einer eigenen Espressomaschine ja auch darin, Kaffeegetränke so zuzubereiten, dass sie Ihnen am besten schmecken, sodass sich Ausprobieren und Experimentieren in jedem Fall lohnen.

Wichtig ist, dass die Ziehphase abgeschlossen ist, bevor sich die Milch richtig warm an-

#### DAMPFLANZE

Die hier beschriebene Technik gilt für Espressomaschinen mit herkömmlicher Dampflanze, bei der es sich in der Regel um eine Edelstahldüse mit aufgeschraubtem ein- bis vierlöchrigem Düsenkopf handelt. Der Dampf lässt sich über einen Drehknopf oder eine Taste steuern. Wenn Ihr Gerät eine andere Dampflanze hat, handelt es sich vielleicht um eine spezielle, patentierte Technologie des Herstellers. In diesem Fall ist es das Beste, den entsprechenden Abschnitt im Nutzerhandbuch zu konsultieren und sich möglichst genau an die Anleitung zum Milchschäumen zu halten. Es ist nämlich sehr hilfreich, die für das Gerät erforderliche Technik zu verstehen, um eventuelle Probleme zu beheben.

fühlt. Aufgrund der Temperaturobergrenze sollten Sie schnellstmöglich von Phase eins in Phase zwei übergehen, denn je schneller die Volumenerhöhung gelingt, desto besser, denn dann bleibt mehr Zeit für die zweite Phase, in der es vor allem um die Textur geht.

### Phase zwei: Erhitzen und Schäumen

Jetzt geht es darum, die Luftblasen, die in der Ziehphase in die Milch gebracht wurden, so klein wie möglich zu machen. Dazu wird der Dampflanzenkopf etwas tiefer in die Milch eingetaucht. Die Dampflanze darf keinesfalls bis zum Kännchenboden eingeführt werden.

Wenn sich der Lanzenkopf knapp unter der Oberfläche befindet, wird die Milch in der Kanne durch den Wasserdampf umgewälzt. Diese sogenannte Rollphase sollte ohne Gurgeln und Schlürfen, relativ geräuscharm erfolgen. In der Mitte sollte sich ein kleiner Wirbel bilden, der größere Blasen mitreißt und zerkleinert. Je länger die Rollphase durchgeführt werden kann, ohne dass die Milch zu heiß wird, desto besser wird die Textur.

Um einen schönen Wirbel in der Milch zu erzeugen, kommt es auf die korrekte Position der Dampflanze an. In der Rollphase sollte die Milch genau beobachtet werden, um sicherzustellen, dass sich ein Wirbel bildet, und die Position der Lanze bei Bedarf verändert werden. Auf der nächsten Doppelseite finden Sie eine Schritt-für-Schritt-Anleitung.

Zur Veranschaulichung der Blasenbildung und Lanzenstellung habe ich Milch durch Wasser ersetzt.

## SCHRITT FÜR SCHRITT

**1** Ein Milchkännchen aus Edelstahl in passender Größe mit der gewünschten Milchmenge füllen. Die Flüssigkeit sollte jedoch maximal bis knapp unter die Ausgusstülle reichen.

Darauf achten, dass die Milch kühlschrankkalt ist. Wenn Sie keine Milch verschwenden wollen, ist es keine schlechte Idee, die Menge vorher abzuwiegen.

Prüfen, dass das Wasser im Kessel heiß genug für die Dampferzeugung ist. Einige Maschinen benötigen dafür eine zusätzliche Aufheizphase.

Unmittelbar vor dem Schäumen die Dampflanze über die Auffangschale drehen und das Dampfventil öffnen, damit eventuelles Kondenswasser, das die Milch verdünnen würde, abläuft und nur noch relativ trockener Dampf entweicht. Um Spritzer zu minimieren, ein sauberes Tuch um die Lanze legen. Aber Achtung: Der Dampf ist heiß!

Die Dampflanze etwa im 45°-Winkel wieder nach außen drehen.

**Vor dem Schäumen:** Zuerst den Espresso zubereiten. Er kann ohne merklichen Qualitätsverlust stehen bleiben, solange die Milch geschäumt wird. Er kühlt zwar etwas ab, aber er wird ja mit einer ordentlichen Portion heißer Milch gemischt, die den Temperaturabfall wieder ausgleicht.

**2** Das Kännchen mit dem Ausguss nach vorn (den Ausguss als Führung für die Dampflanze nutzen) so halten, dass nur der Lanzenkopf knapp unter der Oberfläche in die Milch getaucht ist. Nicht tiefer!

Das Kännchen leicht schräg halten, sodass die Lanze im Ausguss des Kännchens liegt.

Das Dampfventil ganz öffnen.

Das Kännchen sofort nach unten ziehen, sodass der Lanzenkopf auf der Milchoberfläche liegt – es sollte fast so aussehen, als säße er darauf – und ein schlürfendes, gurgelndes Geräusch zu hören ist, ein Zeichen dafür, dass ausreichend Luft in die Milch gelangt.

Sobald die gewünschte Volumenerhöhung erreicht ist, das Kännchen etwas nach oben führen, damit die Lanze einige Zentimeter in die Milch eintaucht.

Die Lanze keinesfalls bis zum Boden des Kännchens führen.

**3** Darauf achten, dass sich ein Wirbel bildet. Dafür das Kännchen gegebenenfalls etwas schräger halten, damit die Milch besser umgewälzt wird.

Wenn die gewünschte Temperatur erreicht ist, das Dampfventil schließen. Zur Temperaturkontrolle wird gern eine Hand an die Kannenwand gelegt. Da die meisten Menschen eine Hitzetoleranz von etwa 55 °C haben, kann die Milch noch weitere 3–5 Sekunden, nachdem der Kontakt bei dieser Temperatur unangenehm wird, geschäumt werden. Auch hier gilt es, ein wenig zu experimentieren, bis die bevorzugte Temperatur gefunden ist.

Das Kännchen abstellen. Die Dampflanze sofort mit einem feuchten Tuch abwischen, um die Milch zu entfernen. Die Lanze wieder über die Auffangschale drehen und kurz das Dampfventil öffnen, um eventuelle Milchreste auszublasen.

**4** Mit dem Kännchen noch ein paarmal vorsichtig auf die Arbeitsfläche schlagen, um eventuelle große Luftblasen zum Platzen zu bringen (oben links).

Erst wenn die großen Blasen geplatzt sind, den Milchschaum im Kännchen schwenken, damit sich heiße Milch und Schaum verbinden, sich aber keine neuen Blasen bilden – ähnlich dem routinierten Schwenken eines Weins im Glas. Der Milchschaum ist fertig, wenn er seidig glänzend ist (oben rechts). In den Kaffee gießen und genießen.

**Thermometer:** Es gibt unzählige Thermometer, mit denen die Temperatur des Milchschaums gemessen werden kann, wobei die meisten preisgünstigen Modelle sehr langsam und nicht besonders akkurat messen. Ein digitales Thermometer funktioniert sehr gut. Nicht nur ich finde das Messen der Milchtemperatur dann aber doch etwas übertrieben.

## WENN MILCH NICHT SCHÄUMT – LÖSUNGSVORSCHLÄGE

Das größte Problem beim Milchschäumen besteht oft darin, dass kein feiner Mikroschaum entsteht, sondern die Blasen zu groß sind. Das kann mehrere Ursachen haben:

Es gelangt zu spät Luft in die Milch, sodass in der Rollphase (siehe Seite 199) nicht genug Zeit bleibt, um die Bläschen zu zerkleinern. Die Ziehphase deshalb ruhig etwas beherzter durchführen.

Der Dampfdruck ist zu gering. Wenn das Ventil nur teilweise geöffnet wurde, ist es sehr schwierig, eine gute Schaumtextur zu erhalten. Auch kann es sein, dass die Maschine nicht genügend Leistung bringt, um das Wasser im Kessel heiß genug zu erhitzen. Wenn Sie finden, dass zu viel Dampf aus der Düse kommt, insbesondere für kleinere Milchmengen, empfehle ich, den Lanzenkopf gegen einen auszutauschen, der mit demselben Druck weniger Dampf abgibt – auch als „Low Flow“-Düse bezeichnet. Diese hat weniger oder kleinere Löcher als eine Standarddüse. Wenn Sie häufig weniger als 100 ml Milch aufschäumen, würde ich dringend zu einem solchen Lanzenkopf raten. Da die Gewinde ziemlich standardisiert sind, sollten Ersatzteile nicht schwer zu finden sein.

Wenn die Milch nicht die entsprechende Qualität hat, sieht der Schaum zunächst gut aus, zerfällt aber sehr schnell in größere Blasen. Wenn man den Schaum ans Ohr hält, kann man ihn wie ein Erfrischungsgetränk bitzeln hören. Die Milch ist geschmacklich vermutlich in Ordnung, und wenn sie nicht abgelaufen ist, kann sie bedenkenlos für andere Zwecke gebraucht werden. Vermutlich ist das Milchfett in irgendeiner Weise denaturiert und es lässt sich deshalb kein anständiger Schaum bilden.

# Einmal Espresso bitte ...


| | |
|---|---|
| Espresso | 204 |
| Espresso con Panna | 205 |
| Macchiato | 206 |
| Espresso Romano | 207 |
| Cortado | 207 |
| Piccolo Latte | 208 |
| Americano | 208 |
| Long Black | 209 |
| Cappuccino | 209 |
| Caffè Latte | 210 |
| Flat White | 211 |
| Caffè Corretto | 212 |
| Mokka | 213 |

# Espressogetränke und -rezepte

**In diesem Abschnitt möchte ich eine Auswahl von Getränken, die auf Espresso basieren, und die Geschichte, die sich hinter ihnen verbirgt, vorstellen.**

Es ist kaum möglich, ein allgemein gültiges Rezept für einen Cappuccino zu liefern, genauso wenig wie es das ultimative, einzig wahre Lasagnerezept gibt. Mit einigen Hintergrundinformationen hoffe ich aber, Ihnen zeigen zu können, was den Kern eines Rezepts darstellt, damit Sie Ihre eigene Idealversion des Getränks – oder der Getränke – kreieren können.

### Espresso

Espresso ist ein kleiner, starker Kaffee, der unter hohem Druck gebrüht wird. Er zeichnet sich nicht nur durch seine Intensität aus, sondern auch durch eine rotbraune Schaumschicht, die Crema. Die Entstehung des Espresso geht auf das Ende des 19. Jahrhunderts zurück, als neu entwickelte Maschinen in der Lage waren, in kurzer Zeit ein starkes Gebräu zu brühen, indem das heiße Wasser mit Dampfdruck schnell durch das Kaffeebett gepresst wurde. Der Name „Espresso" bedeutet im Italienischen sowohl „schnell" – in diesem Sinn gibt es auch im Deutschen Expressboten und -züge – als auch „ausgedrückt", hier ist die lateinische Wurzel im Wort „(aus-)pressen" zu erkennen.

Der moderne Espresso geht auf das Jahr 1948 zurück, als Achille Gaggia eine Espressomaschine entwickelte, bei der durch einen federunterstützten Kolben, der mit einem Hebel bedient wurde, heißes Wasser durch das Kaffeebett gedrückt wurde. Es war die Geburtsstunde des unter hohem Druck – 9 Bar oder noch höher – bezogenen Espresso mit charakteristischem Schaum. Da dieser Schaum den Kunden von Gaggia zunächst suspekt war, bezeichnete Gaggia ihn kurzerhand als „Crema Caffè naturale“ (natürliche Kaffeesahne) – ein Marketing-Geniestreich.

In der Spezialitätenkaffeebranche ist es mittlerweile schwierig, ein Espressorezept zu definieren, da es inzwischen Standard ist, einen doppelten Espresso zu brühen. Die meisten Espressorezepte, die Sie bei einem Röster oder im Internet finden, gehen davon aus, dass ein Siebträgereinsatz für zwei Portionen verwendet wird, die aber in eine Tasse laufen sollen. Aus diesem Grund scheint das italienische Standardrezept für einen einfachen Espresso sehr weit von dem entfernt zu sein, worüber die Leute heute online sprechen.

### Espresso con Panna

Hierbei handelt es sich um ein einfaches, aber sehr leckeres Rezept, bei dem einem Espresso eine kleine Menge Schlagsahne zugefügt wird. Am besten schmeckt er, wenn die Sahne nur kurz untergerührt wird, sodass ausreichend kühle Sahne obenauf schwimmt, um einen schönen Kontrast zu dem aromatischen, heißen Kaffee darunter zu erzeugen.

## Macchiato

„Macchiato" bedeutet im Italienischen so viel wie „markiert" oder „befleckt". Das Getränk entstand in den belebten Espressobars in Italien, wo die kleinen, starken Kaffees oft schnell gebrüht und in einer Reihe auf dem Tresen aufgestellt wurden, um von den Gästen abgeholt zu werden. Wenn jemand um einen Schuss Milch bat, gab es ein kleines Problem. Wegen der Crema auf dem Espresso war nicht sofort ersichtlich, welcher Espresso Milch enthielt. Deshalb setzten die Baristas einen Klacks Milchschaum darauf, um zu markieren, welche Espressi Milch enthielten.

Die modernere Version des Macchiato ist ganz anders. Oft ist die Espressotasse bis zum Rand mit Milchschaum aufgefüllt, was daran liegen mag, dass der ein oder andere Barista zeigen will, was er drauf hat und Latte Art in einer sehr kleinen Tasse veranstaltet. Das Verhältnis zwischen Kaffee und Milch ist dann fast 1:1. Beide Varianten können sehr lecker sein. Oft weiß man bei der Bestellung aber noch nicht, was man zu erwarten hat.

Um die Sache ein wenig komplizierter zu machen, hat Starbucks ein erfolgreiches Getränk namens Caramel Macchiato entwickelt, das allerdings wenig mit einem Macchiato zu tun hat und eher einem Caffè Latte entspricht, der mit Karamellsirup „markiert" wird. Dies hat vor allem in Nordamerika häufiger zu Missverständnissen darüber geführt, wie ein Macchiato aussehen sollte.

### Espresso Romano

Dieser römische Espresso ist nicht sehr bekannt, aber es lohnt sich, damit zu experimentieren, falls Sie Gefallen daran finden. Traditionell wird dieser Espresso entweder mit einer kleinen Zitronenscheibe oder einer Zitronenzeste serviert. Bei der Zubereitung sollten Sie sich bei der Wahl der Zitronenscheibe oder -schale daran orientieren, welche Art Espresso Sie trinken. Bei einer dunkleren Röstung kann eine kleine Zitronenscheibe für eine schöne Säure sorgen, würde aber bei einer helleren Röstung unangenehm sauer und unausgewogen schmecken. In diesem Fall ist eine Zitronenzeste die bessere Wahl, da es sich im Grunde um reines Zitronenaroma handelt, das keinen Einfluss auf die Säure hat und für eine schöne aromatische Komplexität sorgt.

### Cortado

Auch bei diesem Getränk gibt es große Unterschiede, vor allem zwischen den traditionellen Versionen und den moderneren Interpretationen. In der Vergangenheit war das Getränk vor allem in Spanien und Portugal verbreitet, bestand aus je einem Teil Kaffee und geschäumter Milch und wurde in größeren Gläsern serviert. Der iberische Espresso war etwas größer und nicht so stark wie in Italien üblich, was dem Getränk seinen besonderen Charakter verlieh.

In einer modernen Kaffeebar ist schwer vorherzusagen, was serviert wird. Das Verhältnis von Espresso zu Milch kann von 1:1 bis zu 1:3 reichen. Oft hängt es davon ab, ob der Barista Lust auf etwas Latte Art hat oder nicht.

## Piccolo Latte

Es ist nicht wirklich ungewöhnlich, dass Kaffeegetränke einen italienischen Namen erhalten, auch wenn sie gar nicht aus Italien stammen bzw. dort nicht serviert werden. Der „kleine Latte" ist hierfür ein gutes Beispiel. Höchstwahrscheinlich wurde er außerhalb Italiens erfunden, erhielt aber einen italienischen Namen, um eine gewisse Authentizität zu vermitteln oder gewisse Erwartungen zu wecken. Der Name deutet auf einen kleinen Caffè Latte hin, und das ist er im Wesentlichen auch. Meistens wird er in einem Glas serviert, mit einem Kaffee-Milch-Verhältnis von 1:3 bis 1:4. Die Milch wird in der Regel aufgeschäumt, sodass das Getränk eine dünne Schaumschicht enthält.

## Americano

Es heißt, dass den US-Soldaten, die nach dem Zweiten Weltkrieg in Italien stationiert waren, Espresso zu stark war, weshalb sie oft verlangten, ihn mit etwas heißem Wasser zu strecken. Der Espresso, wie wir ihn kennen, wurde jedoch erst 1948 erfunden und dann einige Jahre später populär. Der Name dieses Kaffees lässt sich eher auf Espresso zurückführen, der auf die Stärke von Filterkaffee verdünnt wurde, den man mit amerikanischen Kaffeevorlieben verbindet.

Ein Americano besteht aus einem einfachen oder doppelten Espresso, verdünnt mit heißem Wasser. Sie können zuerst heißes Wasser in die Tasse geben und dann den Espresso darübergießen oder umgekehrt. Ich bevorzuge erst Wasser, dann Espresso, weil das Getränk so schöner aussieht. Man sollte vor dem Servieren die Crema abschöpfen, um die Bitternoten auf ein angenehmes Maß zu reduzieren. Je nach Vorliebe liegt das Verhältnis von Kaffee zu Wasser bei einem Americano zwischen 1:3 und 1:6.

## Long Black

Dieser gestreckte Espresso ist dem Americano sehr ähnlich, stammt allerdings aus einer ganz anderen Ecke der Welt und ist vor allem in Australien und Neuseeland verbreitet. Traditionell wurde er mit einem vor allem früher sehr beliebten doppelten Ristretto (siehe Seite 156) zubereitet – also mit einem sehr konzentrierten Kaffee. Daher ist ein Long Black oft stark, reichhaltig und intensiv. Üblich sind Mischverhältnisse von 1:3 bis 1:4.

## Cappuccino

Der Cappuccino gilt zwar als typisch italienisch, hat seinen Ursprung aber in den alten Wiener Kaffeehäusern des ausgehenden 19. Jahrhunderts. Dort mischte man für einen „Kapuziner" Kaffee mit Milch, bis das Getränk farblich an die Kutte der Kapuzinermönche erinnerte. „Kapuziner" war damals eine gebräuchliche Farbbezeichnung und stand bei Kaffeehausgästen für die Stärke des Kaffees.

Mit dem zunehmenden Aufkommen von Espressomaschinen verbreitete sich die Praxis, den von den Geräten entwickelten Dampf zum Erhitzen und Aufschäumen von Milch zu nutzen. Das Prinzip des Kapuziners bleibt auch im Cappuccino erhalten: ein Kaffee-Milch-Getränk mit starken Kaffeearomen.

Irgendwann kam die Drittel-Regel auf, nach der ein Cappuccino aus je einem Teil Espresso, Milch und Schaum bestehen sollte. Das klingt einfach, würde aber einen Cappuccino mit lediglich etwa 75 ml ergeben. So klein ist er nicht und war es auch nie. Ich vermute, dass mit dieser Formel zum Ausdruck gebracht werden sollte, dass der Espresso mit so viel aufgeschäumter Milch gemischt wird, dass gleiche Teile Schaum und heiße Milch in der Tasse landen (daher ist die Aussage, dass ein Cappuccino ein Espresso ist, der mit gleichen Teilen Schaum und Milch gemischt wird, korrekt, wenngleich missverständlich). In Italien wird ein einfacher Cappuccino fast überall in einer 150-ml-Tasse mit einer dicken, köstlichen Schaumschicht serviert, die dafür sorgt, dass die Kaffeearomen nicht zu sehr verwässert werden. Das gängigste Rezept ist ein Verhältnis von Kaffee und Milch von 1:3 bis 1:4, idealerweise mit mindestens 1–2 cm Milchschaum obenauf.

In Kaffeebars verschwimmen mittlerweile die Grenzen dessen, was ein Cappuccino ist, denn oft werden sowohl kleinere, sehr starke Milchgetränke mit unterschiedlich viel Schaum als auch sehr große Schaumungetüme serviert.

### Caffè Latte

Auch wenn es sich vielleicht etwas spitzfindig anhört: Wenn Sie wirklich einen Caffè Latte haben wollen, sollten Sie zumindest in Italien nicht einfach einen Latte bestellen. Ich zumindest habe genug Geschichten von Urlaubern gehört, denen einfach ein Glas Milch serviert wurde. Was wahrscheinlich zur Verwirrung vieler italienischer Baristas beiträgt, ist die Tatsache, dass dieses Getränk in Italien nicht besonders verbreitet ist und die Bezeichnung später italienisiert wurde.

Das Prinzip des Caffè Latte ist einfach: ein süßes, milchiges Getränk mit etwas Kaffeegeschmack. Dagegen ist nichts einzuwenden, doch haftet ihm das Stigma an, er sei ein Getränk für Leute, die Kaffee nicht so gern mögen. Nichtsdestotrotz ist der Caffè Latte das wahrscheinlich weltweit beliebteste Kaffeegetränk.

Der Aufstieg der Kaffeevollautomaten hat die Popularität des Latte Macchiato weiter gesteigert, bei dem zuerst die geschäumte Milch in ein Glas gefüllt und der Espresso langsam darübergegossen wird. Latte Macchiato ist auch in Italien verbreitet, wird aber eher zu Hause mit Kaffee aus der Espressokanne zubereitet.

Meistens wird Caffè Latte mit einem doppelten Espresso zubereitet und in großen Tassen oder Gläsern serviert, damit mehr Milch und Milchschaum eingefüllt werden kann. Das Mischungsverhältnis liegt zwischen 1:4 und 1:7.

**Flat White**

Über die Herkunft des Flat White streiten sich Australien und Neuseeland bis heute. In jedem Fall aber stammt er vom anderen Ende der Welt. Von dort aus entwickelte sich der Flat White zu einem Symbol für Spezialitätenkaffeetrends und auf Getränkekarten zu einem überraschend guten Indikator für Qualität. Es dauerte nicht lange, bis er auch von den großen Ketten und Anbietern, bei denen Spitzenqualität nicht im Vordergrund steht, entdeckt wurde.

Die wechselvolle Entwicklung ist insofern interessant, da der Flat White wohl eine Reaktion auf den damaligen Cappuccinotrend mit riesigen, fragwürdigen Milchschaumgebilden war. Immer mehr Kaffeetrinker waren genervt von diesen Luftnummern, da sie doch eigentlich nur eine gute Tasse Kaffee mit etwas Milch haben wollten. So wurde der Flat White geboren und er entwickelte sich langsam zu einem Getränk, das sich am besten als kleiner, starker Milchkaffee beschreiben lässt.

In der Regel enthält er 150–180 ml Flüssigkeit und besteht aus einem doppelten Espresso und heißer Milch mit einer dünnen Schaumschicht. Der Flat White hat eine dem Caffè Latte vergleichbare Textur und den Kaffeekick eines Cappuccino. Das Mischungsverhältnis reicht von 1:2 bis zu 1:4, wobei 1:3 wahrscheinlich das gängigste ist.

**Caffè Corretto**

Eines der wenigen Getränke in dieser Liste, das in Italien häufiger anzutreffen ist als im Ausland. Umso reizvoller ist die Bezeichnung für einen Espresso, der mit etwas Alkohol serviert wird: „korrigierter Kaffee".

Oft wird der Alkohol – Weinbrand, Grappa oder eine andere Spirituose – nicht in den Espresso gekippt, sondern separat dazu gereicht. In diesem Fall wird erst der Espresso getrunken, oft nach dem Essen und mit etwas Zucker, dann der Alkohol in die fast leere Tasse geschüttet, geschwenkt und schließlich getrunken. Es ist ein vergnügliches Ritual, das geschmacklich mehr sein kann als die Summe seiner Teile. Alternativ wird der Kaffee mit dem bereits hinzugefügten Alkohol serviert, quasi als kleiner heißer Digestif-Cocktail.

## Mokka

Meistens wird Mokka als heiße Schokolade mit einem einfachen oder doppelten Espresso beschrieben. Auch wenn Schokolade genauso komplex und faszinierend sein kann wie Kaffee und voller Aromen steckt, die dem Terroir und der handwerklichen Verarbeitung zu verdanken sind, ist auch Mokka ein Getränk, das kulturell verfälscht und zu Unrecht als „unseriös" abgetan wird (als ob Seriosität als Indikator für Genuss oder Qualität hilfreich wäre ...). Wie dieses Getränk zu seinem Namen kam, ist nicht genau geklärt. Vermutlich geht er aber auf die gleichnamige Hafenstadt im Jemen zurück. Eine Kaffeemischung, die früher sehr beliebt war, war der Mokka-Java-Blend, der ursprünglich aus diesen beiden Kaffeesorten bestand. Bald aber wurden mit diesem Begriff alle Mischungen mit erdigem, schokoladigem Aroma bezeichnet und irgendwie hat sich daraus das Getränk entwickelt, das wir heute kennen.

Für einen Mokka gibt es keine festgelegten Mischverhältnisse; einige sind sehr schokoladig, andere eher kaffeebetont, und die meisten werden heute mit Latte Art serviert. Es gibt also viel kreativen Spielraum, in dem Sie selbst herausfinden können, was Ihnen am besten schmeckt.

## Und vieles mehr ...

Ich könnte noch endlos andere beliebte Kaffeegetränke und -rezepte wie den Bicerin, den Magic, den Gibraltar, den Red Eye etc. auflisten, doch wollte ich aus diesem Buch keine wissenschaftliche Arbeit machen, die die meisten Leute nicht lesen wollen! Zudem gibt es noch viele köstliche regionale Espressogetränke, die zu entdecken und zu probieren zu den großen Vergnügen des Reisens gehört. Baristas, die ungewöhnliche Getränke servieren, sind in der Regel sehr gern bereit, über die Bestandteile und Zubereitung zu sprechen, falls Sie sie zu Hause nachmachen möchten.

# Reinigung und Pflege

**Wenn es um dass Kaffee-Equipment geht, gibt es ein gewisses Dilemma zwischen der Tatsache, dass für einen guten Kaffee eine Espressomaschine nie sauber genug sein kann, und einer gewissen Bequemlichkeit.**

Sie könnten Ihre Espressomaschine jeden Tag gründlich reinigen und sie würde es Ihnen danken, ebenso wie Ihre Geschmacksknospen. Aber ich wage zu behaupten, dass Sie Besseres mit Ihrer Zeit anzufangen wissen.

In der Gastronomie mag es Regeln und Empfehlungen geben, denn die Maschinen hier sind (fast) jeden Tag über viele Stunden im Einsatz und erfordern feste Routinen während des Betriebs und am Ende des Tages, damit sich nicht so schnell unangenehme Aromen und Ablagerungen bilden. Das ist für privat genutzte Geräte nicht in dem Maße erforderlich. Im Folgenden beschreibe ich, warum und wie Espressomaschinen und andere Gerätschaften gereinigt werden müssen und wie Sie die beste Reinigungsroutine dafür finden.

### Espressomaschine

Es gibt Gründe, warum Espressomaschinen von allen Gerätschaften zur Kaffeezubereitung am häufigsten gereinigt werden müssen. Erstens: Bei den meisten Geräten führt der Druckablass aus dem Gruppenkopf zu Kaffeerückständen in der Maschine. Wenn der Espresso mit weniger als 9 Bar bezogen wird, entsteht ein sehr hoher Druck auf den Kaffeepuck. Damit der Siebträger nach dem Bezug sicher ausgerastet werden kann, verfügen die meisten Espressomaschinen über ein Ventil, durch das der Restdruck durch einen Ablaufschlauch aus dem Gruppenkopf in die Auffangschale abgelassen werden kann. Dieser Druckablass ist der Grund dafür, dass ein kleinerer Puck nach dem Bezug recht matschig und bröselig sein kann. Die Druckentlastung durch den Gruppenkopf führt im Grunde dazu, dass der Puck explodiert, und je mehr Platz zum Ausbreiten zur Verfügung steht, desto größer die Verschmutzung, die er anrichten kann, da nicht nur flüssige Kaffeereste, sondern auch einige feine Partikel in den sehr heißen Gruppenkopf gezogen werden, wo sie sich schnell ansammeln und verkrusten.

Das Spülen des Gruppenkopfs gleich nach dem Bezug ist zwar hilfreich, dennoch bleiben Rückstände. Außerdem sind viele Espressomaschinen nach dem Bezug noch eine ganze Weile eingeschaltet (z. B. zum Milchschäumen). Je mehr Kaffee Sie zubereiten, desto mehr Rückstände entstehen, und je länger diese im Gruppenkopf verkrusten, desto schwieriger ist es, sie durch einen Spülvorgang mit Wasser zu entfernen, und desto mehr Fehlaromen können bei folgenden Bezügen entstehen.

Für eine gründliche Reinigung des Gruppenkopfs muss das Duschsieb abgenommen werden. Oft ist das Duschsieb zusammen mit einem Metallblock – dem Duschenträger, der das Brühwasser gleichmäßig auf den Puck verteilt – mit einer Schraube im Gruppenkopf befestigt und lässt sich recht einfach abnehmen. Beide Teile (Achtung, heiß!) können nun mit einem milden Spülmittel gereinigt und mit Wasser nachgespült werden. Anschließend lassen sich auch alle weiteren Rückstände an der Unterseite des Gruppenkopfs entfernen. Vergewissern Sie sich auch, dass die Gummidichtung im Gruppenkopf frei von Kaffeerückständen ist. Setzen Sie alle Teile wieder ein und führen Sie eine Rückspülung (Backflush) durch, für die eine kleine Menge Espressomaschinenreiniger und ein Blindsieb (Siebträgereinsatz ohne Löcher) benötigt werden. (Wenn kein Blindsieb im Lieferumfang war, kaufen Sie umgehend eines).

Wichtig bei der Rückspülung ist, dass die Reinigung vor allem dann erfolgt, wenn die Brühgruppe nicht läuft. Wenn der Siebträger mit dem Reiniger eingespannt ist und Pumpendruck aufgebaut wird, wird das Mittel zunächst aufgelöst, gelangt aber noch nicht in die Brühgruppe. Sobald der Bezug gestoppt wird, gelangt der Reiniger in die Brühgruppe und von dort über ein Ventil in die Auffangschale. Im Allgemeinen ist ein Zyklus von 5 Sekunden Bezug und 10 Sekunden Pause, der 5- bis 6-mal wiederholt wird, ausreichend, um das Innenleben der Maschine zu reinigen (es sei denn, sie ist sehr verschmutzt). Danach kann der Siebträger herausgenommen, entleert, abgespült und wieder eingesetzt werden. Abschließend wird die Rückspülung zum Klarspülen wie oben beschrieben ohne Reinigungsmittel etwa 5-mal wiederholt. Wenn die Brühgruppe läuft und Sie eine Verfärbung oder einen Chemikaliengeruch bemerken, spülen Sie weiter.

Die große Frage ist, wie oft eine Rückspülung erfolgen sollte. Wie eingangs erwähnt: am besten täglich. Wenn Sie jeden Tag nur ein paar Espressi zubereiten, ist das vermutlich zu viel des Guten. In jedem Fall sollten Sie aber täglich mit Wasser spülen und dann, je nach Nutzung, alle 2, 3, 5 oder 7 Tage eine Rückspülung mit Reiniger durchführen. Ich kann Ihnen nicht sagen, welche Abstände für Ihr Gerät am besten sind. Wenn Sie vom Zustand des Gruppenkopfs und des Duschsiebs angeekelt sind, wenn Sie es abschrauben, sollten Sie in jedem Fall häufiger reinigen.

### Kaffeemühle

Wie oft das Mahlwerk einer Kaffeemühle gereinigt werden sollte, hängt zum Teil von der Marke und dem Modell ab, denn bei einigen können sich recht schnell sehr feine Partikel ansammeln, was dazu führen kann, dass das Mahlwerk heißer läuft als gewünscht (Kaffee-

pulver ist ein hervorragender Isolator) und der Kaffee einen unangenehmen Geschmack erhält. Außerdem lassen sich einige Mühlen problemlos öffnen, sodass das Mahlwerk häufig gereinigt werden kann, ohne dass die Gefahr besteht, dass Teile beschädigt oder verstellt werden, was wiederum die Funktion und Qualität der Mühle beeinträchtigen würde.

Gelegentlich wird empfohlen, zum Reinigen des Mahlwerks und der Mahlkammer rohe Reiskörner darin zu mahlen, doch kenne ich keinen Hersteller, der diese Empfehlung je ausgesprochen hat. Wenn Sie diese Methode ausprobieren wollen, sollten Sie wissen, dass Sie damit Ihre Garantie verlieren und es auf eigenes Risiko tun. Es gibt einen Mühlenreiniger in Kaffeebohnenform, der recht gut funktioniert, für den regelmäßigen Gebrauch aber wohl zu teuer ist.

Wenn Sie es sich zutrauen, öffnen Sie das Gehäuse und saugen erst alle Kaffeepartikel ab, um dann letzte Rückstände mit einem Küchenpinsel zu entfernen. Achten Sie besonders auf den Ausgabeschacht, durch den der Kaffee die Mahlkammer verlässt. Achten Sie außerdem darauf, dass sich keine Kaffeepartikel um das Gewinde in der Mahlkammer gelegt haben. Das führt zu unangenehmen Erfahrungen. Wenn Sie sich nicht zutrauen, die Mühle sachgemäß zu öffnen, hilft es vielleicht, sie ab und zu mit einem Staubsauger abzusaugen und den komprimierten, angesammelten Kaffee herauszupinseln.

Auch die äußeren Teile einer Mühle sollten regelmäßig gereinigt werden. Wenn Ihre Mühle einen Bohnenbehälter hat und Sie mittlere oder dunklere Röstungen verwenden, bildet sich erstaunlich schnell eine Ölschicht, die oxidiert und ranzig riecht. Wenn sich der Bohnenbehälter leicht abnehmen lässt, waschen Sie ihn gründlich mit Seifenwasser aus, spülen mit klarem Wasser nach und trocknen ihn vollständig, bevor Sie ihn wieder einsetzen.

### Kaffeemaschine

Kaffeemaschinen sind relativ einfach sauber zu halten. Die oft übersehenen Stellen sind der Boden des Filterkorbs und der Kanne. Da die in den meisten Kaffeemaschinen verwendeten Materialien eine dunkle Farbe haben, kann es leicht passieren, dass man die angesammelten Kaffeerückstände im Filterkorb und am Auslauf übersieht. Durch etwas Rubbeln mit einem weichen Lappen und etwas Spülmittel sind sie aber leicht zu entfernen – eine einfache Arbeit, die am besten jede Woche vorgenommen werden sollte.

Insbesondere Thermoskannen sind nicht immer leicht von Hand zu reinigen. Die beste Methode, um sie wieder blitzblank zu bekommen, ist, einen gehäuften Esslöffel Espressomaschinenreiniger hineinzugeben und die Kanne mit sehr heißem Wasser zu füllen. Der Reiniger sollte sich vollständig im Wasser auflösen und ein paar Stunden einwirken (z. B. über Nacht). Danach die Kanne sorgfältig mit klarem Wasser ausspülen. In den meisten Fällen wird sie wie neu aussehen.

### Entkalken

Kaffeewasser ist ein schwieriges Thema (ausführliche Informationen, siehe Seiten 41–48). Leider hat das beste Wasser für die Kaffeezubereitung auch einen gewissen Kalkgehalt, weshalb das Entkalken von Kaffeemaschinen zur Pflegeroutine gehören sollte. Wenn Sie Ihre Kaffeemaschine einigermaßen häufig entkalken, ist der Vorgang ziemlich problemlos und schnell erledigt. Ich empfehle dafür Zitronensäure, da sie preiswert, in jeder Drogerie erhältlich, umweltfreundlich und lebensmittelsicher ist. Normalerweise stelle ich eine 5-prozentige Lösung her. Wenn Sie häufig entkalken oder Ihr Leitungswasser relativ weich ist, können Sie auch eine niedrigere Konzentration verwenden. Füllen Sie Ihre Maschine mit der Entkalkungslösung und schalten Sie sie ein. Bei einer elektrischen Kaffeemaschine reicht in der Regel ein Durchlauf. Handelt es sich um eine Espressomaschine, können Sie die Lösung ausspülen, sobald die Maschine heiß ist. Wenn die gesamte Lösung durchgespült ist (1 l ist eine gute Ausgangsmenge), sollten Sie mindestens 1 l frisches, sauberes Wasser durchlaufen lassen. Probieren Sie das Wasser, das am Ende des Klarspülgangs herauskommt; wenn es auch nur einen Hauch zitronensauer schmeckt, starten Sie einen weiteren Klarspülgang. (Aus diesem Grund ist die Verwendung eines lebensmittelsicheren Entkalkers sinnvoll.)

Wenn Sie längere Zeit nicht entkalkt haben, besteht bei einigen Maschinen die Gefahr, dass eine größere Kalkablagerung abblättert und den Hydraulikkreislauf der Maschine verstopft. Die Kalkklumpen lösen sich mit der Zeit zwar auf, aber wenn Sie Probleme haben, sollten Sie einen Fachmann hinzuziehen, der den verstopften Abschnitt ausbaut, manuell reinigt und das Gerät wieder zusammensetzt. (Sie können es auch selbst versuchen, aber seien Sie bitte vorsichtig! Wenn Sie eine Espressomaschine öffnen und zerlegen, erlischt im Zweifelsfall Ihre Garantie und es ist nicht ohne Risiko, an einem elektrischen Gerät herumzubasteln, wenn man sich nicht wirklich gut auskennt.)

# Register


**A**
Adler, Alan 116, 119
AeroPress 65, 87, 116–119, 127
geeister AeroPress-Kaffee 133, 136–137
Aktivkohlefilter 41
Alkalität 43
Americano 208
geeist 138
Armut, Kaffeepreis und 20
Aroma 72–74, 75, 78, 79
Aromanoten 32–33
Aromaverlust 12
Entwicklung von Fehlaromen 12
Extraktionskontrolle 92
Fermentation 28, 29
Kaffeesorten 30, 31
Röstung und Aroma 24
Unterextrahierter/Überextrahierter Kaffee 91
Verkostung, Aroma und Geschmack 72–75, 80–81
Aufbereitung von Kaffee 28–29
Aufbewahrung 63
luftdichte/Ventilbehälter 63
Vakuumbehälter 63
Verdrängungsbehälter 63
Aufgusskannen 64–65
mit Temperaturregulierung 65

**B**
Bezugsquellen 18–19
Bialetti, Alfonso 125
Bitterkeit 24, 72, 91, 125, 127, 153
Brühtemperatur 94
Bitternoten 33
Bittersalz *siehe* Magnesiumsulfat
Bourbon, Kaffeesorte 30, 31
Bräunungsaromen 33
Brühtemperatur 94
Brühvorgang steuern, Espressomaschinen 178–181

**C**
Cafetière *siehe* French Press
Caffè Corretto 212
Caffè Latte 210–211
Calimani, Attilio 99
Cappuccino 209–210
Catuai, Kaffeesorte 30
Chemex 110–111
Clever Dripper 112–115
Cold-Brew-Kaffee 133, 140–143
entkoffeiniert 141
Cortado 207
Crema 15, 154–155

**D**
destilliertes Wasser 42, 48
digitale Küchenwaage 50–53

**E**
elektrische Kaffeemaschine 128–129
Reinigung und Pflege 217–218
Entgasung 12–14
Entkalken 218
Epsomsalz *siehe* Magnesiumsulfat
Ernte von Kaffee 28
Espresso 146–201, 204
Brühkopfkomponenten 166–167
doppelter Espresso 205
Espressogetränke und -rezepte 204–213
Espresso brühen 182–201, 204–205
Dosieren und Mahlen 184
Extraktion 188–189
Milch schäumen 190–201
Tampern 186–187
Verteilen 185
geeiste Espressogetränke 138–139
Lungo 156
Ristretto 156
Siebträgerkomponenten 166–167
Waagen 50–53
Zubereitung 148–153, 204–205
Brühtemperatur 161–162
Brühverhältnis 155
Brühzeit 150
Channelling 150–151
Crema 15, 154–155, 204
Dialling-in über Geschmack 151–153
Durchfluss 164–165
Hauptbrühphase 164
Mahlgrad einstellen 158–159
Pumpendruck 161, 162–163
Pre-Infusion 163–164
Rezepte und Verhältnisse 154–156
Unterextraktion und Überextraktion 151–153
Widerstand 148–150
Espresso con Panna 205
Espresso Romano 207
Espressokanne 124–127
Espressomaschinen 168–181, 204
Brühvorgang steuern 178–181
manuelle Steuerung 178
Steuerung nach Gewicht 180
Volumensteuerung 178–180
Zeitsteuerung 178
Druckerzeugung 168
Druckprofil 172

Dualboiler 174, 177
Einkreiser 176
Entkalken 218
federunterstützte Handhebelmaschinen 170–171
Handhebelmaschinen 168–170
kaufen 168–172
Milch schäumen 190–201
Pumpendruck 162–163
Reinigung und Pflege 214–216
Rotationspumpen 172
Siebträgergröße 181
Smart-Funktionen 181
Steuerung nach Gewicht 180
Thermoblock 173–176
Vibrationspumpen 171
Wärmetauscher 176–177
Wasser erhitzen 173–177
Zweikreiser 176
Espressomaschinenreiniger 99, 127
Etikett, Angabe von Röstgrad auf 22
Extraktion 88–92, 101
Cold-Brew-Kaffee 140
Espresso 151–153
Extraktionskontrolle 92
gleichmäßige Extraktion 95

**F**
federunterstützte Handhebelmaschinen 170–171
Fermentierung 28, 29
Filterkaffee 39, 65
Flachbodenfilter 108
Flat White 211
flüchtige organische Verbindungen 72–74, 75
French Press 65, 76, 87, 98–101
Frische 12, 14–15
gemahlenem Kaffee, Frische von 15
Kaffebohnen, Frische von 14–15
„zu frischer" Kaffee 14
frische Früchte 32
Fruchtaromen 32, 81

**G**
geeiste Espressogetränke 138–139
geeister AeroPress-Kaffee 136–137
geeister Pour-over 134–135
gekochte Früchte 33
Geruchssinn 72, 74
Geschmacksverirrung 153
Gesha, Kaffeesorte 30, 31

**H**
Hario V60 102–105
V60-Technik 107, 108, 111, 134
Honey Process 29

**I**
Iced Coffee und Cold Brew 133–139
geeiste Espressogetränke 138–139
geeister Pour-over 133, 134–135
intelligente Waagen 53

**J**
japanische Art, geeister Filterkaffee 133

**K**
Kaffee, schlechter 91
Kaffee lagern 16, 63
Kaffee brühen 87–129
Allgemeines zur Kaffeezubereitung 88–89
Blooming 14, 50, 103, 108
Brühtemperatur 94, 119, 123
Cold-Brew-Kaffee 140–143
Einzelportion brühen 116
Extraktion 88–92, 101, 140
Iced Coffee und Cold Brew 133–139
Pour-over-Kaffee 65
Rösten 88
Kaffee kaufen 11–33
Aromanoten 32–33
Aufbereitung 28–29
Bezugsquellen 18–19
Frische 12, 14–15
Kaffee lagern 16
Kaffeesorten 30, 31
Mindesthaltbarkeitsdatum 18, 19
Onlinehandel 14, 19
Preis 20
Röstgrade 22–24
Rückverfolgbarkeit 27
Textur 32
Kaffee mahlen
Espresso 184, 185
Extraktion 88–89, 91, 92, 95
Extraktionskontrolle 92
Mahlgrad 101, 105, 127, 129
Cold-Brew-Kaffee 140, 141
Espresso 148, 150
Kaffee verkosten 71–81
Aroma und Geschmack 72–75
Notizen machen 76
Notizen tauschen 81
schlechter Kaffee 75

- „Supertaster“ 72
- vergleichendes Verkosten 76–81

Kaffeebohnen, Frische von 14–15
Kaffeeernte und -aufbereitung 28–29
Kaffeemühlen 54–58, 60, 92
- Reinigung und Pflege 216–217

Kaffeepulver
- Extraktion 88–89
  - Extraktionskontrolle 92
- Frische 15

Kaffeeröster 19, 24, 28
Kaffeesiphon 120–123
Kaffeesorten 30, 31
Kaffeewasser *siehe* Wasser
Kaffeezubereitungstechniken
- AeroPress 65, 87, 116–119
  - Iced Coffee 133, 136–137
- Chemex 110–111
- Clever Dripper 112–115
- elektrische Kaffeemaschine 128–129
- Espressokanne 124–127
- French Press 65, 76, 87, 98–101
- Hario V60 102–105, 112
  - V60-Technik 107, 108, 111, 134
- Kaffeemaschine reinigen 217–218
- Kaffeesiphon 120–123
- Kalita 108–109
- Melitta-Filter 106–107
- Pour-over-Kaffee 65

Kalita 108–109
Kalzium, im Wasser 42
Kannen 67
Kegelmahlwerk 54
Kegelmühlen 57
Koffein, Cold-Brew-Kaffee 141
Kohlendioxid ($CO_2$) 12–14, 63, 154
Kona, Kaffeesorte 30
Kühlschrank, Lagerung im 16

**L**

Lipide in Kaffee, Ranzigkeit 12
Loeff, Berlin 120
lokale Kaffeegeschäfte 19
Long Black 209

**M**

Macchiato 206
Magnesium im Wasser 42
Magnesiumsulfat 47, 48
Mahlgrad 57–58, 90, 158–159
Mahlwerk 54, 56, 60
manuelle Kaffeemühlen 60
Melitta-Filter 106–107
Messlöffel 50
Milch schäumen 190–201
- Blasenbildung 196, 200
- Erhitzen und Schäumen 197, 198
- Lösungsvorschläge, wenn Milch nicht schäumt 200
- milchfreie Alternativen 193
- Milchschäumtechnik 195
- Temperatur 195
- Theorie 190–193

Mindesthaltbarkeitsdatum 18, 19
Mineralien 42
Mineralwasser 48
Mokka 213
Mühlen 15, 54–61
- Befüllung 58
- Kaffeemühlen 54–58, 60, 92
- Mahlgrad einstellen, 57–58, 158–159
- Mahlwerke 54, 56, 60
- manuelle Kaffeemühlen 60
- Motor 58
- Reinigung 216–217
- stufenweise und stufenlose Einstellung 57–58

**N**

nachhaltige Preise für Kaffee 20
Napoletana 125
Natrium im Wasser 42
Natriumbikarbonat (Backpulver) 48

**O**

Online-Kaffeehandel 14, 19

**P**

Packungsbeschreibung 32–33
Papierfilter 92, 102, 107, 108, 111
- AeroPress-Filter 127
- Chemex-Kaffeebrüher 111
- Espressokanne 127

Piccolo Latte 208
Pour-over-Kaffee 65
- Brühtemperatur 94
- geeister Pour-over 133, 134–135

Preis von Kaffee 20

**Q**

Qualität und Preis 20

**R**

Ranzigwerden 12
Refraktometer 88–89
Reinigung und Pflege 214–218
Richard, Jeanne 120

Ristretto 156
Röstgrade 22-24
Röstung, dunkle
  Brühtemperatur 94
  Espresso 162
  Ranzigkeit 12
Röstung, helle
  Brühtemperatur 94
  Espresso 162
Rückverfolgbarkeit 27
ruhen lassen, Kaffee 14

**S**
Säure 24, 32, 33
  Cold-Brew-Kaffee 140
  Espresso 153, 161
  Kaffee verkosten 74, 78, 79-80
  und Extraktion 91
Scheibenmahlwerk 54
Schlagmahlwerke 54, 91
schlechter Kaffee 75, 91
  Espresso 155
Schlumbohm, Dr. Peter 111
Starbucks 22, 24, 206
stufenlos verstellbare Mühlen 57-58
stufenweise verstellbare Mühlen 57
Supermarkt, Kaffee kaufen im 18-19

**T**
Tampern 186-187
Temperatur
  Brühtemperatur 94, 119, 123
    Espresso 161-162
  Espressomaschinen 173-177
  Lagerung 14
  Milch schäumen 195
Textur von Kaffee 32
Third Wave Water 47
Trockenverfahren, Kaffeekirschen 28
tropische Früchte 33

**U**
Umkehrosmosefilter 47

**V**
V60 *siehe* Hario V60
Vakuumbehälter 63
Vakuumbereiter 120
Verdrängungsbehälter 63
Verkosten, vergleichendes 76-81
  Durchführung 76
  Schlussfolgerungen 81
  Verkostungsblatt 78, 79-81

**W**
Waagen 48, 50-53, 92, 103
Washed-Verfahren 28
Wasser 41-49
  Aktivkohlefilter 41
  Alkalität 43, 44, 45, 47
  Brühtemperatur 94
  destilliertes Wasser 42, 48
  empfohlene Wasserbereiche 45
  Espressomaschinen, Wasser erhitzen 173-177
    Dualboiler 177
    Einkreiser 176
    Thermoblock 173-176
    Zweikreiser 176-177
  Extraktion 92
  hartes Wasser 41-42
  Leitungswasser 44
  Magnesiumsulfat 47
  Mineralien 42-43
  Natriumkarbonat (Backpulver) 48
  Umkehrosmosefilter 47
  Wasserfilter 41, 44-47
  Wasserqualität, empfohlene 43-44
  Wasserrezeptur 47-48
  weiches Wasser 41-42
Wasserkessel 64-65
Wasserkocher 64
Widmann, Gottlob 128
Wigomat 128

**Z**
Zero-Water-Filter 47
Zubehör 62-67

# Danke

Mein Dank geht an Michael und Melinda für all die Arbeit, die sie geleistet haben, damit dieses Buch entstehen konnte. Ohne ihre Unterstützung wäre es nie in den Druck gelangt.

Ich danke außerdem allen Mitarbeitern des Octopus-Verlags für ihren tollen Einsatz bei der Redaktion der Texte und der grafischen Gestaltung dieses wunderschönen Buches.

Danke an das Team von Square Mile Coffee Roasters für die Inspiration, die anregenden Gespräche und den köstlichen Kaffee.

Danke an meine Familie.

# Bildnachweis

Alamy Stock Photo: Carlos Mora: 29; J Ruscello: 30 unten links; JG Photography: 13; ry3bee/Stockimo: 30 oben links.

Cristian Barnett/Octopus Publishing Group: 23, 51, 54, 64, 102, 159, 191.

Dreamstime: Lucy Brown: 30 oben rechts.

iStock: freedom_naruk/iStock: 34–35.

James Hoffmann: 14, 43, 44, 56–59, 66, 86, 94b, 98, 106, 107, 110, 113, 124, 129, 134, 149, 155, 158, 182–89, 197, 217.

Shutterstock: Jess Kraft: 26; Laura Vlieg: 30 unten rechts; Rachata Teyparsit: 18.